Autor _ BAUDELAIRE
Título _ ESCRITOS SOBRE ARTE

CB026779

Copyright _	Hedra 2007
Tradução© _	Plínio Augusto Coêlho
Primeira edição _	Editora Imaginário, 1998
Corpo editorial _	André Fernandes, Bruno Costa, Caio Gagliardi, Fábio Mantegari, Iuri Pereira, Jorge Sallum, Oliver Tolle, Ricardo Martins Valle, Ricardo Musse
Dados _	Dados Internacionais de Catalogação na Publicação (CIP)

Baudelaire, Charles (organização e tradução Plínio Augusto Coêlho) – São Paulo : Hedra : 2008 . Bibliografia.

ISBN 97-8857-715-085-4

1. Arte – Filosofia 2. Arte – Humor, sátira, etc. 3. Crítica da arte I. Título

08-2744   CDD-701.18

Índice para catálogo sistemático:
1. Arte : Crítica de arte 701.18

Direitos reservados em língua portuguesa somente para o Brasil

EDITORA HEDRA LTDA.

Endereço _

R. Fradique Coutinho, 1139 (subsolo)
05416-011 São Paulo SP Brasil

Telefone/Fax _ +55 11 3097 8304
E-mail _ editora@hedra.com.br
Site _ www.hedra.com.br

Foi feito o depósito legal.

Autor _ Baudelaire
Título _ Escritos sobre arte
Organização e tradução _ Plínio Augusto Coêlho
Introdução _ Dirceu Villa
São Paulo _ 2011

Charles Baudelaire (Paris, 1821—*id*. 1867), escritor francês, é hoje reverenciado como um dos paradigmas máximos da modernidade. Dono de uma imagética pujante e original, Baudelaire foi também um influente crítico de arte e um tradutor de grande envergadura. Alma inquieta e conturbada, via com desconfiança a era do progresso, entrevendo na modernidade uma morbidez oculta que sua sensibilidade extremada não tolerava. Em 1857, a publicação de *As flores do mal*, sua obra-prima, ofende a moral burguesa e lhe vale um processo no qual é obrigado a pagar uma multa considerável, além de ter de retirar sete poemas do livro. Alguns dos sonetos ali encerrados já prefiguravam o simbolismo e o decadentismo, correntes que começavam a tomar corpo. Em *Os paraísos artificiais* (1860), explora o potencial criador sob o efeito do ópio e do haxixe. Como tradutor, verte muitos dos contos e ensaios de Edgar Allan Poe para o francês, tendo influído assim decisivamente para o futuro reconhecimento desse autor, que exerceu influência em sua obra também. Solitário, doente e sem recursos, morre em 1867.

Escritos sobre arte reúne quatro textos da produção crítica de Baudelaire: "Da essência do riso" (*Le Portefeuille*, 1855), "Alguns caricaturistas estrangeiros" (*Le Présent*, 1857), "A arte filosófica" (original encontrado entre papéis de Baudelaire e publicado postumamente em *Arte romântica*) e "A obra e a vida de Eugène Delacroix" (*L'Opinion Nationale*, 1863). Produzidos para periódicos, sem o objetivo de serem posteriormente coligidos em livro, estes ensaios apresentam um conjunto de reflexões estéticas incomuns para o período, como o riso na caricatura, a definição da arte filosófica e a recuperação de autores pouco valorizados.

Plínio Augusto Coêlho fundou em 1984 a Novos Tempos Editora, em Brasília, dedicada à publicação de obras libertárias. A partir de 1989, transfere-se para São Paulo, onde cria a Editora Imaginário, mantendo a mesma linha de publicações. É idealizador e co-fundador do IEL (Instituto de Estudos Libertários).

Dirceu Villa é poeta, tradutor e mestre em letras pela Universidade de São Paulo. Autor do livro de poemas *Descort* (Hedra, 2003), traduziu *Lustra*, de Ezra Pound (inédito) e colabora em diversos veículos de imprensa.

SUMÁRIO

Introdução, por Dirceu Villa — 9

ESCRITOS SOBRE ARTE — 29
Da essência do riso — 31
Alguns caricaturistas estrangeiros — 55
A arte filosófica — 69
A obra e a vida de Eugène Delacroix — 79
Índice geral — 115

INTRODUÇÃO

O ENSAÍSMO, GROSSO MODO

Não é do objetivo nem do escopo desta apresentação discorrer sobre o ensaio, mas ela seria manca se não apresentasse uma ou duas ideias nucleares sobre o assunto. Assim, o ponto inicial da nossa conversa recua até a França do século XVI, e percebemos que depois de o grande Michel de Montaigne (1533—1592) nomear o gênero e fornecer o *modus faciendi* já em nível de completa excelência em seus *Ensaios*, muitos autores adotaram a maneira de escrever pensando com a liberdade erudita, como que de uma conversa educada, propiciada pela forma. Nas palavras célebres de Montaigne, "leitor, sou eu mesmo a matéria deste livro", e nele serão encontrados "alguns traços do meu caráter e das minhas ideias".[1]

Não se pode afirmar que Montaigne, em 1580, soubesse que a mão da reflexão estética caberia tão bem na luva do ensaio. Os tratados, tendo um compromisso mais científico e um andamento mais moroso, não permitiam a ductibilidade característica de algo que, mesmo ainda tendo suas regras escritas de composição, era aberta (e cada vez mais) a uma *ars combinandi*, às variáveis que se intensificariam desde a erosão do terreno da retórica no século XVIII. Baudelaire nos diz que sua intenção não

---

[1] "Do autor ao leitor", em Michel Montaigne, *Ensaios* (trad. Sérgio Milliet), São Paulo, Abril Cultural, *Os pensadores*, vol. XI, 1972, p. 11. Essa longa tradição reafirma-se hoje, nesses mesmos termos, nos ensaios brilhantes, peculiares e muito pessoais de um grande poeta como Derek Walcott em *What the twilight says: essays*, por exemplo.

INTRODUÇÃO

era escrever um tratado, mas sim "participar ao leitor algumas reflexões que me ocorrem com frequência", e um ou dois parágrafos adiante iria se separar ainda mais do ponto de vista acadêmico, atacando diretamente o que seriam pressupostos acadêmicos sobre o tema, e se queixando de "certos professores tidos como sérios, charlatães da seriedade, cadáveres pedantescos saídos dos frios hipogeus do Instituto".

Quem nada tinha com isso — e foi traduzido e admirado por Baudelaire — era o estadunidense Edgar Allan Poe. O pensamento artístico de Poe, de orgulhosa autodeliberação, fugindo dos estereótipos inspiradores do romantismo e propondo, como diríamos com Mallarmé, "quase uma arte", serviu a sustentar e desenvolver as próprias convicções de Baudelaire não apenas como artista, mas artista que pensa sobre sua arte, como lemos em sua obra de ensaios. Os ensaios literários de Poe já apresentam precisamente o formato que conhecemos, ou tome-se o exemplo de "The poetic principle" ("O princípio poético"), no qual comenta seu conceito de poesia, além de poemas de Byron, Shelley e outros, imprimindo-os no corpo do texto para mais fácil inteligibilidade. E nos dá, é claro, sua definição de poesia:

Sucintamente, eu definiria a Poesia das palavras como *A Criação Rítmica da Beleza*. Seu único árbitro é o Gosto. Com o Intelecto ou com a Consciência tem suas únicas relações colaterais. A não ser que, incidentalmente, não se ocupa nem do Dever nem da Verdade.[2]

A base de Poe nos artigos e textos de maior fôlego de

---

[2] "*I would define, in brief, the Poetry of words as The Rhythmical Creation of Beauty. Its sole arbiter is Taste. With the Intellect or with the Conscience it has only collateral relations. Unless incidentally, it has no concern whatever either with Duty or with Truth*", em Edgar Allan Poe, *The works of the late Edgar Allan Poe* (ed. Rufus Wilmot Griswold), New York, 1850, vol. III, p. 8. Tradução do introdutor, bem como as demais citações sem indicação.

Baudelaire deve ser levada em consideração, e principalmente uma abordagem menos derivada de um suposto rigor tratadístico: há nos ensaios de Baudelaire certa leveza e humor que terá tomado também da leitura de Diderot, outra referência importante. Ao menos, percebe-se que Baudelaire terá apreciado o estilo de Diderot que lemos já na primeira frase de "Dos autores e dos críticos": "Os viajantes falam de uma espécie de homens selvagens, que sopram no passante agulhas envenenadas. É a imagem dos nossos críticos".[3]

Um autor como Samuel Taylor Coleridge (1772—1834), por exemplo, já dava exemplos de como o texto crítico de poeta funcionaria. A *Biographia literaria* (1817) é ainda resultado de um tipo de concepção "minha vida, minhas ideias", mas é possível perceber nela a conjunção do ponto de vista de artista da palavra com a estrutura fragmentária que se dedica a escrutinar um assunto, partilhando impressões e formulando um modo específico de abordar a literatura e o pensamento. Coleridge é um autor muito intelectual e seu matiz é filosófico.

Assim também com a obra intelectual muito notável de outro poeta do período, o italiano Giacomo Leopardi (1798—1837), que tende à filosofia, impregnada das formas ditadas por seu muito profundo e arraigado conhecimento das línguas e letras antigas da Grécia e de Roma, de onde os diálogos e os numerosos fragmentos filosóficos do sugestivo título *Zibaldone*, póstumo, que poderíamos traduzir por "Miscelânea". Vejamos, por exemplo, como escreve, em 1820, sobre a obra de arte (ou "gênio", como era o hábito à época):

E mesmo o conhecimento da irreparável vaidade e falsidade de todo

---

[3] Denis Diderot, "Dos autores e dos críticos" (trad. e notas J. Guinsburg), em *Os pensadores*, vol. XXII, São Paulo, Abril Cultural, 1973, pp. 491—496.

INTRODUÇÃO

belo e de todo grande é de certa beleza e grandeza que preenchem a alma, quando esse conhecimento se encontra nas obras de gênio.[4]

Embora o estilo nessas duas obras, uma inglesa e outra italiana, se aproxime mais das *Fusées* de Baudelaire, de seus diários e fragmentos esparsos, ambas já provocam um efeito semelhante ao do ensaio de poeta ou escritor que revela uma faceta crítica, que se combina à inteligência prática de sua arte.

FLUÊNCIA, OU FOLHAS AO VENTO

A fluência permitida pela página de jornal, e mesmo o princípio de efemeridade desse tipo ordinário de papel impresso, fecundaram o gênero: veremos que alguns dos ensaios de Baudelaire — como o artigo sobre Delacroix — foram compostos como cartas à direção de jornais, ou artigos breves de crítica. Em "Da essência do riso e, de um modo geral, do cômico nas artes plásticas",[5] o próprio Baudelaire iria assinalar esse aspecto transitório do jornal, referindo a função imediata das caricaturas: "Assim como as folhas volantes do jornalismo, elas desaparecem levadas pelo vento incessante que delas traz notícias". Esse caráter fugidio, quase de *impromptu*, trouxe ao ensaio — que, já de nascença, como vimos, pretendia ser um registro mais flexível do pensamento — uma maleabilidade ainda maior, porque era supostamente coisa bastante perecível.

Não foi tão perecível assim, verdade seja dita, ou não estaríamos neste exato momento gastando tantas linhas

---

[4] "*E lo stesso conoscere l'irreparabile vanità e falsità di ogni bello e di ogni grande è una certa bellezza e grandezza che rempie l'anima, quando questa conoscenza si trova nelle opere di genio*", em Giacomo Leopardi, *Poesie e prose* (a cura di Siro Attilio Nulli), Milano, Hoepli, 1972, p. 590.
[5] Publicado em *Curiosités esthétiques* (1868).

numa apresentação aos ensaios de Baudelaire: sendo o molde tão favorável à veiculação das ideias, os ensaios são então recolhidos em livro, edições que compilam esse devanear orientado como uma topografia do terreno acidentado do pensamento de determinado autor. Hoje, a reputação do ensaio é também considerável nos meios acadêmicos, e muitos professores reúnem sua crítica esparsa em livros que colecionam a obra ensaística. Jacob Burckhardt, ainda no século XIX, chamou seu livro sobre a cultura do Renascimento italiano um "ensaio". É um dispositivo que, além da modéstia, confere limites ao estudo.

A brevidade do ensaio, patente desde o livro memorável e essencial de Montaigne, permite também a concentração em um só ponto, excluindo a necessidade de articular peças avulsas num todo coeso, e assim os assuntos tratados marginalmente dentro de obras maiores tomaram o primeiro plano, também porque se supunha que, como fragmento, iluminariam de modo reflexivo o resto das matérias com que partilhassem interesse.[6]

Como resultado, avulta no gênero a opinião, que não é, no entanto, mero palpite ignorante. A opinião dentro de um ensaio seguiria a receita que, em outra ocasião, mas com propósito assemelhado, Isaac Newton prescreveu assim: "Me apoio nos ombros de gigantes" (mesmo essa frase ele havia tirado de algum de seus gigantes). Montaigne refere-se a poetas, pensadores, a todos aqueles indivíduos extraordinários que podem acorrer em de-

---

[6] Uma ideia que só será ampliada por aquilo que, com Ezra Pound, chamou-se *método ideogrâmico*, ou seja: imitando a estrutura dos ideogramas chineses e opondo-se à hierarquização dita *aristotélica* do discurso (o que significa "começar primeiro das coisas primeiras", e assim por diante), os fragmentos colados uns nos outros funcionariam como *punti luminosi*, ou "pontos luminosos", em que a relação entre um e outro produziria um novo e luminoso nexo de sentido.

INTRODUÇÃO

fesa ou ilustração de seu pensamento, ainda que "pessoal", ainda que recolhido à sua "ingenuidade física e moral", como nos diz na *captatio benevolentia* da abertura do livro. Baudelaire escreverá, logo na abertura do primeiro de seus próprios ensaios: "Este é, puramente, portanto, um artigo de filósofo e de artista".

A opinião, no ensaio, é assim a opinião educada e focalizada, que pode ser debatida nos termos de uma discussão literária, artística ou filosófica civilizada, na qual um argumento persuasivo se sustenta com exemplos e modelos, ou por contraste, e poderá ser contraposta por argumentos de peso equivalente: é o que nos asseguram aquelas páginas dedicadas a um assunto escolhido, e sob foco intenso de atenção mais ou menos especializada, que se aproxima por vezes do diletantismo. E, assim, um ensaio pode ser um artigo bastante persuasivo. Ele se inscreve talvez numa das primeiras ambiguidades entre público e privado: ele aproxima e afasta, ele afeta uma conversa, mas se desenvolve como um monólogo indutor.

São essas as características do gênero ensaístico que permaneceram fazendo dele um veículo apropriado para o uso das discussões sobre estética e filosofia; ele se adequa também a uma cultura do fragmento — como tem sido a nossa cultura ocidental há mais de um século —, mas obedece a uma lei clássica, até meio militar, de "dividir para conquistar". É a divisão, a brevidade, o fragmento aparentemente descompromissado que nos conquista.

SOLIDIFICANDO UM GÊNERO

A obra de crítica de Baudelaire praticamente rivaliza, em peso, com sua obra literária. Essa afirmação se justifica da seguinte maneira: como poeta, Baudelaire é lembrado por estabelecer o princípio do que chamariam depois *modernidade*, ou seja, aquela então nova atitude de negatividade em relação ao objeto de atenção da arte e em relação ao público (que ele apelidou, no prefácio às *Flores do mal*, "leitor hipócrita", e era, no mesmo verso, seu semelhante, seu irmão); como crítico, de modo análogo, Baudelaire sedimentou essa figura hoje largamente difundida, a do poeta-crítico,[7] do artista que conjuga as duas funções em sua obra e fornece um contraponto aos usos da crítica acadêmica ou jornalística de sua época. Como esses poetas-críticos que já conhecemos desde o século XX, também Baudelaire visitou artistas negligenciados pela crítica, e seu estilo cuidadosamente pensado e seu notório faro qualitativo escolheram sempre com refinado senso estético e formal, criando núcleos de interesse e sentido que ainda hoje lemos como um mapa de direções das artes na segunda metade do século XIX.

Assim, enfrentou com elegância a ideia monolítica do belo e do verdadeiro em arte, dedicando-se ao riso e à caricatura em alguns de seus mais notáveis textos críticos, reformando ou desfazendo boa parte do edifício estético romântico; defendeu o artifício não apenas como coisa cosmética,[8] mas em termos que veríamos depois muito aprofundados por Fernando Pessoa e Ezra Pound,

---

[7] É evidente que, como em tudo, não se tratava de uma novidade absoluta: basta pensarmos em Meleagro na *Antologia grega*, em Dante no tratado *De vulgari eloquentia*, nos poetas-filólogos da renascença italiana etc. Mas o diferencial está nessa crítica ensaística, muitas vezes breve, e na atenção que não raro se opõe a algo também recente como categoria isolada: a crítica de arte, a crítica literária de corte acadêmico.

[8] Como Ovídio, que dedicou um poema muito interessante aos cosméticos ("Medicamina faciei feminae", "Cosméticos para o rosto da mulher"), Baudelaire escreveu um "Éloge du maquillage", "Elogio da maquiagem", em que comenta, entre outras delicadezas, o direito da mulher parecer sempre "mágica e sobrenatural".

INTRODUÇÃO

ou seja, de uma técnica que serve a revelar a emoção, transformando-a ou *fingindo-a*,[9] em arte, o que na época soava provavelmente como antítese à espontaneidade declarada e aparente do romantismo, ou simples aderência ao código de técnica superficial do parnasianismo.[10]

Era, no entanto, uma visão que, coincidindo com a de Edgar Allan Poe[11] em muitos pontos, sobretudo no domínio técnico do autor sobre os efeitos calculados de sua arte, se tornaria um índice muito explorado depois por autores como Mallarmé e um bom número de poetas modernos, principalmente. Devemos lembrar, juntamente, que isso também ecoava o aprendizado clássico de Baudelaire, que sempre lhe foi muito útil e pode ser constatado no emprego habilidoso e muito frequente da alegoria em seus poemas, ou no emprego da *clarté française*, a clareza da prosa em francês,[12] tornando seus ensaios muito bem divididos e argumentados.

Baudelaire, portanto, preparou e antecipou, sob muitos aspectos, as questões da chamada "modernidade"; estabeleceu um elo entre o romantismo e o parnasianismo (no caso, leia-se apenas Théophile Gautier) e forneceu, por suas ideias místicas e com o poema "*Correspondances*", o princípio a partir do qual decadentistas e simbolistas iriam mais tarde compor suas obras. Por fim, nos deu

[9] O verbo *fingo*, em latim, significa "forjar".
[10] Baudelaire entendia de modo muito diferente o lema "*l'art pour l'art*", que lhe agradava: não a arte como um enfeite descolado de qualquer relação com o mundo, mas instalada e oferecida nele como uma contradição do artifício excelente frente à espontaneidade, ao impulso natural.
[11] Como vimos, Poe também era um ensaísta. Mais lembrado pelo sagaz *Philosohy of composition* (*Filosofia da composição*), de 1846, em que aborda o processo de escrita do seu poema "The raven" ("O corvo") e no qual achamos a célebre observação de tê-lo começado pelo fim, com o objetivo de melhor controlar seus efeitos sobre o leitor, como uma lei da composição.
[12] Baudelaire escreve: "França, país de pensamento e de demonstração claros".

um dos primeiros exemplos, com Coleridge, Leopardi e Poe, ao menos, do que seria o poeta-crítico.

IDEIAS: DO PARTICULAR PARA O GERAL

Por que, então, as ideias de Baudelaire — como as que encontramos neste livro — se tornaram tão importantes? Basicamente, porque compõem o desenho apresentado anteriormente: tendo surgido de uma intuição que é ao mesmo tempo artística e crítica, sobre um detalhe potencialmente iluminador, se desenvolve num dos primeiros conjuntos expressivos de crítica exercida por um artista.

Assim é que, profundamente cristão e particularmente satânico, Baudelaire flagra no riso, objeto de sua atenção no primeiro ensaio, a dualidade que apresenta uma superfície de alegria para guardar no fundo um sentimento demoníaco de superioridade. Leríamos mais tarde num texto do filósofo Henri Bergson o mesmo ponto de partida sobre o assunto, excluindo naturalmente a bruma fantástica do satanismo, para se deter no aspecto da superioridade, o cerne da ironia.[13] Na argumentação desse primeiro ensaio de Baudelaire, os leitores lembrarão, imagino, da discussão mais ou menos teológica entre William de Baskerville e o venerável Jorge no romance *O nome da rosa*, de Umberto Eco, que tem por base o segundo livro, perdido, da *Poética* de Aristóteles, sobre a comédia.

---

[13] Embora Bergson se detenha no riso desde seus motivos mais elementares, desde reafirmar que é especificamente uma característica humana, passando por vascular as quimeras ridículas até asseverar o porquê de rirmos de um simples tombo (a pessoa que cai demonstra rigidez quando deveria apresentar flexibilidade), conclui que por meio do *ridendo castigat mores* ("com o riso corrigem-se os costumes") "o riso é sobretudo uma correção", em Henri Bergson, *O riso, ensaio sobre o significado do cômico* (tradução de Guilherme de Castilho), Lisboa, Guimarães Editores, 1993.

Baskerville, franciscano, quer ver no riso uma virtude da sobrevivência, do conhecimento e da sanidade, enquanto o venerável Jorge afirma que o riso deforma tanto a moral quanto o rosto, que assume traços de macaco. Baskerville responde que "macacos não riem, o riso é próprio do homem". Aos exemplos saudáveis do riso em Quintiliano e outros autores gregos e latinos, o venerável Jorge apenas retruca: "Eram pagãos".[14]

O riso seria portanto uma deformidade do rosto que implicaria uma deformidade moral civilizadíssima, já que, pressupõe-se, a inocência não conhece o sentimento de superioridade, é toda candura (e esse é o riso das crianças). A ideia, puramente uma divisão de categoria em Aristóteles ("a comédia é a imitação dos piores"), transforma-se numa reflexão moral que atende a outro sistema de classificação, o cristão. O venerável Jorge, de Umberto Eco, abomina o riso por esse motivo, o mesmo pelo qual o nosso poeta francês, a seu turno, o admira. O sábio também desconfia moralmente do riso: "Ele se detém à beira do riso assim como à beira da tentação", escreve Baudelaire, e lembramos que é como o infeliz Mêmnon[15] de Voltaire, que traça um plano de sabedoria arruinado pelas tentações do mundo tão pouco conhecidas por ele, que, portanto, não tem como se defender delas. A desconfiança do sábio se dá porque, embora o homem não tenha na boca os dentes do leão, "ele morde com o riso". É o riso a um só tempo cristão e satânico:

---

[14] Umberto Eco, *O nome da rosa* (trad. Aurora Fornoni Bernardini e Homero Freitas de Andrade), Rio de Janeiro, Record, 1986, p. 158.

[15] "Memnon, ou la sagesse humaine" ("Mêmnon, ou a sabedoria humana"). Curioso é notar que Baudelaire tem certa aversão a Voltaire, mesmo se, aqui e ali, encontramos pensamentos muito semelhantes. O conto pode ser lido nesta mesma coleção: Voltaire, *Micromegas e outros contos* (tradução de Graziela Marcolin), São Paulo, Hedra, 2007, pp. 59—65.

Baudelaire dará o exemplo do riso de Melmoth, de Charles Maturin,[16] daquele que vendeu a alma ao diabo — neste nosso caso, figuradamente.

Devemos notar, ainda nesse ensaio, que a divisão que Baudelaire estabelece entre os diferentes tipos de humor das nacionalidades europeias foi feita, de modo assemelhado, na tradução do filho de Théophile Gautier para *As aventuras do Barão de Münchausen*, a partir da versão de Gottfried August Bürger, publicada em Londres em 1866. Lemos, no prefácio:

> A *gaieté* francesa nada tem a ver com o *humour* britânico; o *Witz* alemão difere da *bufoneria* italiana, e o caráter de cada nacionalidade aí se revela em sua livre expansão.[17]

Théophile Gautier *fils* também não inventou isso, que é apenas um dos modos mais antigos e comuns de se diferenciar culturalmente desenhos num mapa. Decerto, Baudelaire explora com maior detalhe o que pensa que seja a veia humorística de cada país; dirá que Rabelais, em seus textos grotescos, conserva sempre algo "útil e racional"; a "sonhadora Germânia" fornece o "cômico absoluto"; os ingleses, ou os que vivem nos "reinos brumosos do *spleen*", têm um "cômico feroz"; o humor dos italianos é "excêntrico", o dos espanhóis, "cruel", "sombrio".

---

[16] Charles Maturin, *Melmoth the wanderer* (ed. Victor Sage), London, Penguin, 2001. Ao mencionar o bizarro romance gótico de Maturin, Baudelaire teria em mente passagens como esta: "[...] *And after looking on them for some time, burst into a laugh so loud, wild, and protracted, that the peasants, starting with as much horror at the sound as at that of the storm, hurried away*", isto é, "[...] e após observá-los por algum tempo, explodiu numa gargalhada tão alta, selvagem e prolongada, que os camponeses, com tanto horror por tal som quanto que pelo da tempestade, fugiram correndo", p. 35.

[17] Gottfried August Bürger, *As aventuras do Barão de Münchausen* (trad. Moacir Werneck de Castro; ilustr. Gustave Doré), Belo Horizonte, Villa Rica, 1990, p. 13.

INTRODUÇÃO

Uma extensão do tema pode ser lida em dois ensaios de Baudelaire: um deles pertence a esta coleção e se chama "Alguns caricaturistas estrangeiros".

Nele, descobrimos como nosso autor percebe o poder do detalhe deformador da caricatura, que manipula a opinião sem dizer uma só palavra. A deformação é um aspecto da arte, que para representar produz deformações proporcionadas;[18] ou seja, a arte necessariamente deforma o objeto, e não é outra a função das figuras de linguagem, de conceitos como a concisão, a proporção. Na caricatura, como em toda arte que aborda o *genus humile* (gênero humilde) do cômico, a deformação tem o caráter específico de representar coisa ridícula e desfavorável. Baudelaire comenta artistas muito diversos no gênero, e o faz de caso pensado, rabiscando o croqui de uma tipologia da caricatura.

Todos, no entanto, partilham o uso da alegoria (como, de resto, ocorre ainda hoje: basta lembrar das charges políticas de Angeli na *Folha de S. Paulo*, por exemplo), mas William Hogarth, o primeiro a ser abordado, é visto na particularidade de uma imaginação humorística mórbida, dos detalhes macabros da morte tornados risíveis. Hogarth é um erudito, um grande curioso cheio de referências e, evidentemente, um artista da inteligência, que produz menos deformidades explícitas (como o rosto ridiculamente sinistro do padre examinando um machado em *The invasion plate* I, que talvez nos recorde algo de Goya) e mais uma ironia entre as figuras em condições indecentes ou francamente ordinárias.

Já Goya e Brueghel são vistos por Baudelaire como

---

[18] Baudelaire tem perfeita consciência disso. Escreve: "O grotesco domina o cômico de uma altura proporcional".

os tipos "sempre grande artista" ou que fazem "coisas belíssimas" — nesse último caso, falando dos flamengos. Ao abordar os dois, Baudelaire, que não é apenas um crítico literário, mas muito talentoso e cuidadoso crítico de arte, separa a arte da gravura (sobretudo das técnicas de água-forte e água-tinta), que é a arte da caricatura por excelência de Goya — tecnicamente com pontos de contato com Rembrandt —, da arte miniaturista flamenga de Brueghel, para a qual a alegoria é como uma anedota, ou toma a forma de um ditado popular, que demonstram em suas divertidas diabruras toda a "força da alucinação". Os *Caprichos* de Goya são vistos com interesse por Baudelaire porque criam um ruído na alegoria ao misturarem-na com enigmas e símbolos de interpretação duvidosa ou aberta, em geral para efeito assustador: a deformidade conduz a um mistério sombrio.

É como João Adolfo Hansen escreve em seu livro *Alegoria*:[19] trata-se da *permixta apertis allegoria*, ou alegoria imperfeita, quando escreve sobre o casal amarrado a um tronco de árvore, com a figura perturbadora de uma gigantesca coruja cujas garras se apoiam na cabeça da mulher, gravura que Goya chamou "¿*No hay quien nos desate?*" ("Não há quem nos desate?"). O casal atado sem que um consiga escapar do outro é uma alegoria bastante clara do casamento infeliz, mas a terrível coruja insere um elemento de interpretação enigmática, indecisa.

E Baudelaire, claramente extasiado com as visões de Goya, escreve:

Une à alegoria, à jovialidade, à sátira espanhola do bom tempo de Cervantes um espírito muito mais moderno, ou pelo menos que foi muito mais procurado nos tempos modernos, o amor do

[19] João Adolfo Hansen, *Alegoria: construção e interpretação da metáfora*, São Paulo/Campinas, Hedra/Unicamp, 2006, pp. 66—67 e 86.

inapreensível, o sentimento dos contrastes violentos, dos pavores da natureza e das fisionomias humanas estranhamente animalescas pelas circunstâncias.

O que é também muito interessante por nos dar uma definição do próprio Baudelaire sobre como via a modernidade; ou, digamos com mais precisão, a *sua* modernidade.

Evidentemente, as imagens de bruxas e sabás não lhe passam despercebidas. Assinala, adiante, num comentário aos desenhos de Leonardo da Vinci, o que lhe parece a ausência de uma *uis comica*, a ausência de uma veia cômica, e lê as figuras do mestre italiano como retratos da feiura, resultados da onívora curiosidade de da Vinci pela natureza em suas variadas formas — o que é, por outro lado, lê-lo através do retrato de Vasari, em *Le vite dei più eccellenti pittori, scultori e architetti*, até certo ponto anedótico naquele modo de se redigir uma nota biográfica, bastante diverso da "veracidade factual" suposta no gênero atualmente.

Percebemos que mesmo seu artigo sobre a arte filosófica se transforma num exame da monstruosidade, uma vez que a filosofia na arte provocaria a deformação do pensamento sobre a representação, através da fórmula que atribui a Chenavard e à arte alemã: "É uma arte plástica que tem a pretensão de substituir o livro, quer dizer, rivalizar com a arte de imprimir para ensinar a história, a moral e a filosofia." Ele percebe que a arte começa a ser trocada pelo *típico histórico*, pelo efeito de mera ilustração episódica.

Sua noção disso é a da decadência de uma arte — não como veríamos depois na França com os nomes de Mallarmé, Huysmans, Verlaine etc., em que "decadência" é revertida para o limite de um sentido "positivo" do excesso de civilização, do brilho mais intenso da estrela que está para se apagar —, mas sim a decadência de velhice e cansaço de uma cultura que exaure suas energias criativas, e que "corresponde ao período no qual entraremos em breve e cujo começo está marcado pela supremacia da América e da indústria", escreve, revelando inesperados dons proféticos.

Estão entremeados nessa crítica desfavorável de Baudelaire o raciocínio, os limites da forma, a contraposição da inocência pelo engenho — que nos devolveria, num círculo, às suas observações sobre a natureza do riso. Vemos Baudelaire fascinado pelas figuras grotescas, pelas figuras que desempenham funções que se opõem às de sua natureza, como a Morte tocando música encantadora ao violino, na *Danse des mortes*; ou fascinado por preciosas bizarrices, como será mais tarde o caso do baudelairiano personagem Des Esseintes (do romance *Às avessas*, de J.-K. Huysmans), quando observa e descreve gravuras holandesas nas quais a crueldade ou o horror se tornam itens de curiosidade quase que desinteressada, de concentração nos esplendores das incongruências; ou o que, como nas *Flores do mal*, poderíamos chamar de "horror simpático":

— Deste céu bizarro e cinzento,
E turvo como o teu destino,
À tua alma que pensamento
Desce? Responde, libertino.

— Insaciavelmente guloso
Do que é incerto e que é sibilino,
Ovídio não serei choroso
Quando expulso do Éden latino.

Céus lacerados e tristonhos,

Em vós meu orgulho se fita;
As nuvens de dor infinita

São carros fúnebres dos sonhos,
Vosso clarão a sombra traz
Do Inferno à que minha alma apraz![20]

"O Inferno em que meu coração se compraz". Esse poema codifica uma das bases do pensamento poético de Baudelaire nas *Flores do mal*, unindo repulsa e atração, concomitantes, como lemos também nestes ensaios e nos *Pequenos poemas em prosa*: como flagra neles a cidade de Paris, a metrópole. A força, a cor, a agitação, os contrastes ferozes e o arrebatamento são também os motivos que o levam, neste contínuo de sentido, dos caricaturistas às deformações de Goya, da desproporção filosófica à arte plástica de Eugène Delacroix. Sobre ele Baudelaire escreve: "Eugène Delacroix era uma curiosa mistura de ceticismo, polidez, dandismo, vontade ardente, astúcia, despotismo e, enfim, uma espécie de bondade particular e de ternura moderada que acompanha sempre o gênio".

Delacroix é um dos pintores mais intensos da pintura francesa. Contraposto à delicadeza de caixa de música dos quadros adoráveis de Watteau, que compunham uma sociedade do gosto superficial e requintado, Delacroix visitará as terras do heroísmo e da revolução, e irá do exótico e peregrino ao auto-retrato de linhas dramáticas. O equivalente disso para Baudelaire em música é Wagner.

[20] "— *De ce ciel bizarre et livide, / Tourmenté comme ton destin, / Quels pensers dans ton âme vide / Descendent? réponds, libertin.* — *Insatiablement avide / De l'obscur et de l'incertain, / Je ne geindrai pas comme Ovide / Chassé du paradis latin. // Cieux déchirés comme des grèves / En vous se mire mon orgueil; / Vos vastes nuages en deuil // Sont les corbillards de mes rêves, / Et vos lueurs sont le reflet / De l'enfer où mon coeur se plaît.*" Baudelaire, Charles. *As flores do mal* (trad., pref. e notas de Jamil Almansur Haddad), São Paulo, Difel, 1964, p. 217.

Não por acaso, Baudelaire, que não era crítico musical tão pronto como crítico de arte, escreveu a Wagner que passagens de sua música o faziam imaginar um vermelho profundo.

Podemos encontrar o equivalente visual da música trágica e poderosa de Wagner na pintura de Delacroix. Basta lembrar de *Fantasia árabe*, quadro inscrito no Salão de 1834, no qual o céu de batalha, cor de terra e alaranjado, encontra uma equivalência visual de sua intensidade no cavalo negro do árabe em primeiro plano, que se empina à vista do tumulto. Sua pintura é construída um passo além daquela que, dois séculos antes dele, se propunha como o contraste dramático, fosse da escuridão com luzes fortes e focalizadas, fosse o aproveitamento também dramático das diagonais no quadro.

A amizade do jovem poeta pelo pintor mais velho começa em 1845, segundo o próprio Baudelaire na carta-artigo a *L'Opinion Nationale*, de novembro de 1863, que integra este nosso livro. E Baudelaire afirma que a grandeza de Delacroix está em pintar o invisível: certamente. Outro pintor que menciona entre os grandes franceses é Jacques-Louis David, que vem, aliás, muito a propósito para entendermos o que Baudelaire quer dizer com pintar o invisível. Se Watteau (ou Fragonard, pouco mais tarde) é quase a delicadeza da miniatura, que mimetiza sua sociedade do detalhe,[21] David tem escopo maior; como Delacroix, ele também pinta o invisível, mas um invisível

---

[21] Como escreve o historiador Piero Camporesi sobre o gosto no século XVIII: "A interiorização do prazer é destilada pela miniaturização da paisagem e o apequenamento das coisas. O olho tem de ser acariciado por coisas agradáveis, de medida justa mas tendentes à bem temperada graciosidade", em Piero Camporesi, *Hedonismo e exotismo: A arte de viver na Época das Luzes* (trad. Gilson César Cardoso de Souza), São Paulo, Editora Unesp, 1996, p. 127.

INTRODUÇÃO

de "fria" alegoria, de fixidez estatuária, como vemos no famoso *Juramento dos horácios*, de 1784, e não a velocidade e a paixão, como Delacroix, de quem Baudelaire sabiamente diz: "Ele fez isso — observe-o bem, senhor — sem outros meios além do contorno e da cor; ele o fez melhor do que ninguém; ele o fez com a perfeição de um pintor consumado, com o rigor de um literato sutil, com a eloquência de um músico apaixonado". Nesse perpassar das artes e sensações, seria preciso fixar o adjetivo "apaixonado".

E essa descrição nos apresenta também uma lei que é tanto plástica quanto poética, encontrável nas ideias de Baudelaire também sob a forma daquela mística infusão de sentidos do soneto "Correspondances", das *Flores do mal*, quando escreve:

> Como os longos ecos que de longe se confundem
> Numa tenebrosa e profunda unidade,
> Vasta como a noite e como a claridade,
> Os perfumes, as cores e os sons se correspondem.[22]

O que mencionei anteriormente da visão de Baudelaire ao ouvir Wagner também se aplica ao artigo "Richard Wagner e Tannhäuser em Paris", no qual Baudelaire dizia suas impressões sobre a apresentação musical e rebatia críticas francesas ao compositor. Encontramos o soneto "Correspondances" citado como exemplo do que queria dizer, associando sons a cores, ou visões. E completa: "O que seria verdadeiramente surpreendente é que o som *não pudesse* sugerir a cor, que as cores *não pudes-*

---

[22] *"Comme de longs échos qui de loin se confondent / Dans une ténébreuse et profonde unité, / Vaste comme la nuit et comme la clarté, / Les parfums, les couleurs et les sons se répondent."* Charles Baudelaire, *As flores do mal* (trad., intr. e notas Ivan Junqueira), Rio de Janeiro, Nova Fronteira, 1985, pp. 114—115.

sem dar a ideia de uma melodia, e que o som e a cor fossem impróprios para traduzir ideias".[23]

Podemos depreender disso o valor que Baudelaire confere à *sinestesia*, essa mágica mistura e correspondência, algo que ele encontrava na arte que mais lhe suscitava interesse, fosse a poesia ou a pintura: elas estão imbuídas de qualidades sensórias intercambiáveis.

O entusiasmo de Baudelaire pela arte de Delacroix, assim como os hábitos clássicos de sua escrita, ou o apreço por Gautier, devem também demonstrar aos leitores que a costumeira divisão periódica da literatura em "movimentos" que se oporiam não é tão factual quanto parece, pois os escritores elegem seus antecessores com muito mais liberdade do que os manuais de literatura fazem acreditar: é possível perceber como Baudelaire, através de suas posições críticas, se estabelece num contínuo em que interagem lemas clássicos, preceitos "barrocos", romantismo, parnasianismo, decadência, simbolismo, "modernidade". A fluidez do pensamento artístico dos grandes autores normalmente não se fecha em meia dúzia de estilemas de fácil identificação.

Essa é a essência do que, suponho, poderemos apreciar na mente invulgar que teceu as considerações inteligentes e bem-humoradas destes ensaios a seguir. Boa leitura.

---

[23] Charles Baudelaire, *Obras estéticas: filosofia da imaginação criadora* (trad. Edison Darci Heldt), Petrópolis, Vozes, 1993, p. 162. O célebre soneto das vogais, de Rimbaud, deriva dessas ideias.

ESCRITOS SOBRE ARTE

DA ESSÊNCIA DO RISO
*e, de um modo geral,
do cômico nas artes plásticas*

I

Não quero escrever um tratado da caricatura; quero simplesmente participar ao leitor algumas reflexões que me ocorrem com frequência em relação a esse gênero singular. Essas reflexões tinham se tornado para mim uma espécie de obsessão; eu quis me acalmar. Fiz, por sinal, todos os esforços para colocar neste texto uma certa ordem e tornar, assim, sua assimilação mais fácil. Este é, puramente, portanto, um artigo de filósofo e de artista. Sem dúvida uma história geral da caricatura em suas relações com todos os fatos políticos e religiosos, sérios ou frívolos, relativos ao espírito nacional ou à moda, que agitaram a humanidade, é uma obra gloriosa e importante. O trabalho ainda está por ser feito, pois os ensaios publicados até o presente momento são apenas materiais; todavia, pensei que era preciso dividir o trabalho. É claro que um trabalho sobre a caricatura, assim compreendido, é uma história de fatos, uma imensa galeria anedótica. Na caricatura, bem mais do que nos outros ramos da arte, existem dois tipos de obras preciosas e recomendáveis sob diferentes aspectos e quase contrários. Estas só valem pelo fato que elas representam.

DA ESSÊNCIA DO RISO

Têm direito, sem dúvida, à atenção do historiador, do arqueólogo e até mesmo do filósofo; devem tomar seu lugar nos arquivos nacionais, nos registros biográficos do pensamento humano. Assim como as folhas volantes do jornalismo, elas desaparecem levadas pelo vento incessante que delas traz notícias; mas as outras, e são aquelas das quais quero especialmente me ocupar, contêm um elemento misterioso, durável, eterno, que as recomenda à atenção dos artistas. Coisa curiosa e verdadeiramente digna de atenção a introdução desse elemento inapreensível do belo até nas obras destinadas a representar ao homem sua própria feiura moral e física! E, coisa não menos misteriosa, esse espetáculo lamentável excita nele uma hilaridade imortal e incorrigível. Eis, portanto, o verdadeiro tema deste artigo.

Um escrúpulo me arrebata. Seria preciso responder, por meio de uma demonstração sistemática, a uma espécie de questão prévia que sem dúvida desejariam, maliciosamente, trazer à luz certos professores tidos como sérios, charlatães da seriedade, cadáveres pedantescos saídos dos frios hipogeus do Instituto, e retornados à terra dos vivos, como certos fantasmas avaros, para arrancar algum dinheiro de complacentes ministérios? Em primeiro lugar, diriam eles, a caricatura é um gênero? Não, responderiam seus cúmplices, a caricatura não é um gênero. Ouvi ressoar em meus ouvidos semelhantes heresias em jantares de acadêmicos. Essas boas pessoas deixavam passar a seu lado a comédia de Robert Macaire sem perceber nisso grandes sintomas morais e literários. Contemporâneos de Rabelais, eles o teriam tratado de vil e grotesco bufão. Em verdade, é preciso demonstrar, portanto, que nada do que sai do homem é frívolo aos olhos do filósofo? Com toda certeza será, menos que qualquer outro, esse elemento profundo e misterioso que nenhuma filosofia analisou a fundo até agora.

Iremos, portanto, nos ocupar da essência do riso e dos elementos constitutivos da caricatura. Mais tarde, examinaremos, talvez, algumas das obras mais extraordinárias produzidas nesse gênero.

II

O Sábio só ri ao tremer. De que lábios cheios de autoridade, de que pena perfeitamente ortodoxa saiu essa estranha e surpreendente máxima? Ela nos vem do rei filosófico da Judeia? Deve-se atribuí-la a Joseph de Maistre, esse soldado animado pelo Espírito Santo? Tenho uma vaga lembrança de tê-la lido num de seus livros, mas dada como citação, sem dúvida. Essa severidade de pensamento e de estilo combina com a santidade majestosa de Bossuet. Todavia, o estilo elíptico do pensamento e a fineza quintessenciada me levariam antes a atribuir a honra dessa citação a Bourdaloue, o impiedoso psicólogo cristão. Essa singular máxima ocorre-me incessantemente desde que concebi o projeto deste artigo, e eu quis me livrar dela para começar. Analisemos, com efeito, essa curiosa proposição.

O Sábio, isto é, aquele que é animado pelo espírito do Senhor, aquele que possui a prática do formulário divino, não ri, não se entrega ao riso senão tremendo. O Sábio treme por ter rido; o Sábio teme o riso assim como teme os espetáculos mundanos, a concupiscência. Ele se detém à beira do riso assim como à beira da tentação. Há, portanto, segundo o Sábio, uma certa contradição secreta entre seu caráter de sábio e o caráter primordial do riso. Com efeito, para apenas roçar de passagem lembranças mais do que solenes, ressaltarei — o que corrobora de modo perfeito o caráter oficialmente cristão dessa máxima — que o Sábio por excelência, o Verbo Encarnado, nunca riu. Aos olhos Daquele que tudo sabe e que tudo pode, o cômico não existe. Entretanto, o Verbo Encarnado conheceu a cólera, conheceu inclusive as lágrimas.

Assim, observemos bem o seguinte: em primeiro lugar, eis um autor — um cristão, sem dúvida — que considera como certo que o Sábio examine de bem perto antes de se permitir rir, como se disso tivesse que permanecer nele não sei qual mal-estar e qual inquietude, e, em segundo lugar, o cômico desaparece do ponto de vista da ciência e da potência absolutas. Ora, invertendo as duas proposições, resultaria disso que o riso é geralmente o apanágio dos loucos, e que implica sempre mais ou menos ignorância e fraqueza. Não quero em absoluto navegar aventurosamente em um mar teológico, para o qual não estarei, com toda certeza, munido de bússola nem de velas suficientes; contento-me em indicar ao leitor e apontar-lhe esses horizontes singulares. É certo, se se quiser estar de acordo com o espírito ortodoxo, que o riso humano está intimamente ligado ao acidente de uma queda antiga, de uma degradação física e moral. O riso e a dor exprimem-se pelos órgãos onde residem o comando e a ciência do bem ou do mal: os olhos e a boca. No paraíso terrestre (que se o suponha passado ou futuro, lembrança ou profecia, como os teólogos ou como os socialistas), no paraíso terrestre, quer dizer, no meio onde parecia ao homem que todas as coisas criadas eram boas, a alegria não se encontrava no riso. Visto que nenhum sofrimento o afligia, seu rosto era simples e unido, e o riso que agora agita as nações não deformava em absoluto as feições de seu rosto. O riso e as lágrimas não podem se fazer ver no paraíso de delícias. Eles são igualmente os filhos da aflição, e surgiram porque faltava, ao corpo do homem enervado, força para contê-los.[1] Do ponto de vista de meu filósofo cristão, o riso de seus lábios é sinal de tão grande miséria quanto as lágrimas de seus olhos. O Ser que quis multiplicar sua imagem não colocou absolutamente na boca do homem os dentes do leão, todavia, o homem morde com o riso; tampouco em seus olhos toda a astúcia fascinante da serpente, contudo, ele seduz com as lágrimas. E observem que também é com as lágrimas que o homem lava as aflições do homem, que é com o riso que ele suaviza algumas vezes seu coração e o cativa; pois os fenômenos engendrados pela queda tornar-se-ão os meios de redenção.

Que se me permita fazer uma suposição poética que me servirá para verificar a exatidão dessas asserções, que muitas pessoas acharão sem dúvida manchadas do *a priori* do misticismo. Tentemos, visto que o cômico é um elemento condenável e de origem diabólica, visualizar uma alma absolutamente primitiva e saindo, por assim dizer, das mãos da natureza. Tomemos por exemplo a grande e típica figura de Virginie,[2] que simboliza com perfeição a pureza e a ingenuidade absolutas. Virginie chega a Paris ainda toda molhada das brumas do mar e dourada pelo sol dos trópicos, os olhos cheios das grandes imagens primitivas das ondas, das montanhas e das florestas. Cai, aqui, em plena civilização turbulenta, expansiva e mefítica, ela, inteiramente impregnada das puras e ricas fragrâncias da Índia; liga-se à humanidade pela família e pelo amor, por sua mãe e por seu amante, seu

---

[1] Philippe de Chennevières [N. do A.].
[2] *Paul et Virginie*, publicado em 1787 [N. do T.].

Paul, angélico como ela, e cujo sexo não se distingue, por assim dizer, do seu nos ardores insaciados de um amor que se ignora. Deus, ela o conheceu na igreja dos Pamplemousses, uma pequena igreja bem modesta e bem insignificante, e na imensidão do indescritível céu tropical, e na música imortal das florestas e das torrentes. É verdade, Virginie é uma grande inteligência; todavia, poucas imagens e poucas recordações lhe bastam, assim como para o Sábio poucos livros. Ora, um dia, Virginie encontra por acaso, inocentemente, no Palais-Royal, nas vidraças de um vidreiro, sobre uma mesa, num local público, uma caricatura! Uma caricatura bem atraente para nós, densa de fel e rancor, como sabe fazê-las uma civilização perspicaz e enfadada. Suponhamos alguma boa farsa de boxeadores, alguma barbaridade britânica, cheia de sangue coagulado e temperado com alguns monstruosos *goddam*;[3] ou, se isso agrada mais à sua imaginação curiosa, suponhamos diante dos olhos de nossa virginal Virginie alguma charmosa e provocante impureza, um Gavarni daquele tempo, e dos melhores, alguma sátira insultante contra loucuras reais, alguma diatribe plástica contra o Parc-aux-Cerfs, ou os antecedentes abjetos de uma grande favorita, ou as escapulidas noturnas da proverbial Austríaca.[4] A caricatura é dupla: o desenho e a ideia; o desenho violento, a ideia mordaz e velada; complicação de elementos penosos para um espírito ingênuo, acostumado a compreender por intuição coisas simples como ele. Virginie viu; agora observa. Por quê? Ela observa o desconhecido. Por sinal, não compreende em absoluto o que isso quer dizer, nem para que serve. Entretanto, vocês veem essa dobradura de asas súbita, esse frêmito de uma alma que se vela

---

[3] Apelido dado outrora na França aos ingleses [N. do T.].
[4] Alusão à rainha Maria Antonieta [N. do T.].

e quer se retirar? O anjo sentiu que o escândalo estava presente. E, na verdade, digo-lhes, que ela tenha ou não compreendido, ficar-lhe-á dessa impressão não sei qual mal-estar, algo que se assemelha ao medo. Sem dúvida que, se Virginie permanece em Paris e adquire experiência, o riso lhe chegará; veremos por quê. Todavia, por enquanto, nós, analista e crítico, que não ousaríamos com toda certeza afirmar que nossa inteligência é superior à de Virginie, constatamos o temor e o sofrimento do anjo imaculado diante da caricatura.

III

A concordância unânime dos fisiologistas do riso sobre a principal razão desse monstruoso fenômeno bastaria para demonstrar que o cômico é um dos mais claros signos satânicos do homem e uma das inúmeras complicações contidas na maçã simbólica. Por sinal, sua descoberta não é muito profunda e não vai longe. O riso, dizem, vem da superioridade. Eu não ficaria surpreso se diante dessa descoberta o fisiologista se pusesse a rir pensando em sua própria superioridade. Da mesma forma, era preciso dizer: o riso vem da ideia de sua própria superioridade. Uma perfeita ideia satânica! Orgulho e aberração! Ora, é notório que todos os loucos dos manicômios possuem a ideia de sua própria superioridade desenvolvida em excesso. Eu não conheço em absoluto loucos humildes. Observem que o riso é uma das expressões mais frequentes e mais numerosas da loucura. E vejam como tudo se associa: quando Virginie, decaída, tiver baixado um grau em pureza, começará a ter a ideia de sua própria superioridade, será mais sábia do ponto de vista do mundo, e rirá.

Eu disse que havia sintoma de fraqueza no riso; e, com efeito, que sinal mais marcante de debilidade do que uma convulsão nervosa, um espasmo involuntário comparável à esternutação, e causado pela imagem da desgraça alheia? Essa desgraça é algumas vezes de uma espécie muito inferior, uma enfermidade na ordem física. Para tomar um dos exemplos mais vulgares da vida, o que há de tão engraçado no espetáculo de um homem que cai sobre o gelo ou na rua, que tropeça na beira de uma calçada, para que o rosto de seu irmão em Jesus Cristo se contraia de um modo desordenado, para que os músculos de seu rosto comecem a funcionar subitamente como um relógio ao meio-dia ou um brinquedo de molas? Esse pobre diabo no mínimo se desfigurou, talvez tenha fraturado um membro essencial. Entretanto, o riso saiu, irresistível e súbito. É certo que, se se quiser aprofundar essa situação, encontrar-se-á no fundo do pensamento daquele que ri um certo orgulho inconsciente. Eis aí o ponto de partida: *eu* não caio; *eu* caminho direito; *eu*, meu pé é firme e seguro. Não sou eu quem cometeria a asneira de não enxergar uma calçada interrompida ou um paralelepípedo que barra o caminho.

A escola romântica, melhor dizendo, uma das subdivisões da escola romântica, a escola satânica, compreendeu muito bem essa lei primordial do riso; ou pelo menos, se todos não a compreenderam, todos, mesmo em suas mais grosseiras extravagâncias e exageros, a sentiram e a aplicaram corretamente. Todos os ímpios de melodrama, malditos, danados, fatalmente marcados por um ricto que chega até as orelhas, estão na ortodoxia pura do riso. De resto, eles são quase todos netos legítimos ou ilegítimos do célebre viajante Melmoth, a grande criação satânica do reverendo Maturin. O que de maior, o que de mais poderoso em relação à pobre humanidade do que esse pálido e entediado Melmoth? Todavia, há nele um lado fraco, abjeto, antidivino e antiluminoso. Assim como ele ri, comparando-se incessantemente às lagartas humanas, ele tão forte, tão inteligente, para quem uma parte das leis condicionais da humanidade, físicas e intelectuais, não existem mais! E esse riso é a explosão perpétua de sua cólera e de seu sofrimento. Ele é, que me compreendam bem, a resultante necessária de sua dupla natureza contraditória, infinitamente grande em relação ao homem, infinitamente vil e baixa em relação ao Verdadeiro e ao Justo absolutos. Melmoth é uma contradição viva. Saiu das condições fundamentais da vida; seus órgãos não suportam mais seu pensamento. Eis por que esse riso congela e revira as entranhas. É um riso que nunca adormece, como uma doença que segue sempre seu caminho e executa uma ordem providencial. E assim o riso de Melmoth, que é a expressão mais elevada do orgulho, realiza perpetuamente sua função, rasgando e queimando os lábios do ridente irremissível.

IV

Agora, resumamos um pouco e estabeleçamos de modo mais visível as principais proposições, que são como uma espécie de teoria do riso. O riso é satânico, é, portanto, profundamente humano. Ele é no homem a consequência da ideia de sua própria superioridade; e, com efeito, como o riso é essencialmente humano, é essencialmente contraditório, quer dizer, é ao mesmo tempo sinal de uma grandeza infinita e de uma miséria infinita, miséria infinita em relação ao Ser Absoluto do qual ele possui a concepção, grandeza infinita em relação aos animais. É do choque perpétuo desses dois infinitos

DA ESSÊNCIA DO RISO

que o riso se libera. O cômico, a potência do riso, se encontra no ridente e de forma alguma no objeto do riso. Não é absolutamente o homem que cai que ri de sua própria queda, a menos que seja um filósofo, um homem que tenha adquirido, por hábito, a força de se desdobrar rapidamente e assistir como espectador desinteressado aos fenômenos de seu eu. Mas o caso é raro. Os animais mais cômicos são os mais sérios, como os macacos e os papagaios. Por sinal, suponham o homem excluído da criação: não haverá mais o cômico, pois os animais não se creem superiores aos vegetais, nem os vegetais aos minerais. Sinal de superioridade em relação aos animais, e entendendo sob essa denominação numerosos párias da inteligência, o riso é sinal de inferioridade em relação aos sábios, que pela inocência contemplativa de seu espírito se aproximam da infância. Comparando, assim como temos o direito de fazê-lo, a humanidade ao homem, vemos que as nações primitivas, assim como Virginie, não concebem a caricatura e não possuem comédias (os livros sagrados, a quaisquer nações que pertençam, nunca riem), e que, aproximando-se pouco a pouco dos picos nebulosos da inteligência, ou examinando as fornalhas tenebrosas da metafísica, as nações põem-se a rir diabolicamente do riso de Melmoth; e, enfim, que se nessas mesmas nações ultracivilizadas, uma inteligência, levada por uma ambição superior, quiser ultrapassar os limites do orgulho mundano e se lançar ousadamente rumo à poesia pura, nessa poesia, límpida e profunda como a natureza, o riso estará ausente como na alma do Sábio.

Visto que o cômico é sinal de superioridade ou de crença em sua própria superioridade, é natural acreditar que, antes de terem alcançado a purificação absoluta por certos profetas místicos, as nações verão aumentar nelas os motivos do cômico à medida que cresça sua superioridade. Todavia, o cômico também muda de natureza. Assim, o elemento angélico e o elemento diabólico atuam paralelamente. A humanidade se eleva, e ela conquista para o mal e para a inteligência do mal uma força proporcional à que conquistou para o bem. É por essa razão que não acho surpreendente que nós, filhos de uma lei melhor que as leis religiosas antigas, nós, discípulos favorecidos de Jesus, possuamos mais elementos cômicos do que a pagã Antiguidade. Isso mesmo é uma condição de nossa força intelectual geral. Permitido aos contraditores declarados citar a clássica historieta do filósofo que morreu de rir ao ver um asno que comia figos, e mesmo as comédias de Aristófanes e as de Plauto. Responderei que, além do fato de essas épocas serem essencialmente civilizadas, e de a crença já haver se retirado, esse cômico não é exatamente o nosso. Ele tem inclusive alguma coisa de selvagem, e não podemos em absoluto nos apropriar dele senão por um esforço de espírito por recuo, cujo resultado se chama *pastiche*. Quanto às figuras grotescas que a Antiguidade nos deixou, as máscaras, as estatuetas de bronze, os Hércules musculosos, os pequenos príapos de língua enrolada no ar, de orelhas pontudas, todos em cerebelo e em falo — quanto a esses falos prodigiosos sobre os quais as brancas filhas de Rômulo cavalgam inocentemente, esses monstruosos órgãos da reprodução munidos de sinetas e asas — creio que todas essas coisas são cheias de seriedade. Vênus, Pã, Hércules, não eram personagens risíveis. Riu-se deles depois da vinda de Jesus, com Platão e Sêneca contribuindo. Creio que a Antiguidade era cheia de respeito pelos tambores-mores e pelos feitores de façanhas em todos os gêneros, e que todos os fetiches extravagantes que eu citava são apenas signos

DA ESSÊNCIA DO RISO

de adoração, ou, quando muito, símbolos de força, e de forma alguma emanações do espírito intencionalmente cômicas. Os ídolos indianos e chineses ignoram que são ridículos; é em nós, cristãos, que se encontra o cômico.

V

Não se deve crer que estejamos livres de toda dificuldade. O espírito menos acostumado a essas sutilezas estéticas poderia rapidamente me opor essa objeção insidiosa: o riso é variado. Nem sempre se se regozija de uma desgraça, de uma fraqueza, de uma inferioridade. Muitos espetáculos que excitam em nós o riso são bastante inocentes, e não somente as diversões da infância, mas ainda muitas outras coisas que servem ao entretenimento dos artistas nada têm a ver com o espírito de Satã.

Há nisso alguma aparência de verdade. Todavia, deve-se inicialmente distinguir a alegria do riso. A alegria existe por si mesma, mas ela apresenta manifestações variadas. Algumas vezes, é quase invisível; outras, exprime-se pelas lágrimas. O riso não é outra coisa senão uma expressão, um sintoma, um diagnóstico. Sintoma de quê? Eis a questão. A alegria é *una*. O riso é a expressão de um sentimento duplo, ou contraditório; e é por isso que há convulsão. Também o riso das crianças, que se se desejaria em vão me objetar, é completamente diferente, mesmo como expressão física, como forma, do riso do homem que assiste a uma comédia, observa uma caricatura, ou do riso terrível de Melmoth; de Melmoth, o ser desclassificado, o indivíduo situado entre os últimos limites da pátria humana e as fronteiras da vida superior; de Melmoth imaginando-se sempre prestes a se livrar de seu pacto infernal, esperando incessantemente trocar esse poder sobre-humano, que provoca sua infelicidade, contra a consciência pura de um ignorante que lhe causa inveja. O riso das crianças é como um desabrochar da flor. É a alegria de receber, a alegria de respirar, a alegria de se abrir, a alegria de contemplar, viver, crescer. É uma alegria de planta. Assim, geralmente, trata-se mais do sorriso, algo de análogo ao balanço de rabo dos cães ou ao ronrom dos gatos. Entretanto, observem bem que, se o riso das crianças difere ainda das expressões do contentamento animais, é que esse riso não é inteiramente isento de ambição, assim como convém a pedaços de homem, quer dizer, a Satãs em formação.

Há um caso em que a questão é mais complicada. É o riso do homem, mas o riso verdadeiro, riso violento, vendo objetos que não são um sinal de fraqueza ou de desgraça entre seus semelhantes. É fácil adivinhar que quero falar do riso causado pelo grotesco. As criações fabulosas, os seres dos quais a razão, a legitimação, não pode ser extraída do código do senso comum, excitam com frequência em nós uma hilaridade louca, excessiva, e que se traduz em lacerações e esvaecimentos intermináveis. É evidente que é preciso distinguir, e que há aí um grau a mais. O cômico é, do ponto de vista artístico, uma imitação; o grotesco, uma criação. O cômico é uma imitação mesclada de uma certa faculdade criadora, quer dizer, de uma idealidade artística. Ora, o orgulho humano, que sempre tem a preeminência, e que é a causa natural do riso no caso do cômico, torna-se também causa natural do riso no caso do grotesco, que é uma criação mesclada de uma certa faculdade imitadora de elementos preexistentes na natureza. Quero dizer que nesse caso o riso é expressão da ideia de superioridade, não mais do homem sobre o homem, mas do homem sobre a natureza. Não se deve achar essa ideia muito sutil; não seria razão suficiente para rejeitá-la. Trata-se de encontrar uma outra explicação plausível. Se esta parece extraída de longe e um pouco difícil de admitir, é que o riso causado pelo grotesco possui em si algo de profundo, de axiomático e primitivo, que se aproxima muito mais da vida inocente e da alegria absoluta do que o riso causado pela comédia de costumes. Há entre esses dois risos, abstração feita da questão de utilidade, a mesma diferença que há entre a escola literária interessada e a escola da arte pela arte. Assim, o grotesco domina o cômico de uma altura proporcional.

Chamarei doravante o grotesco cômico absoluto, como antítese ao cômico ordinário, que chamarei de cômico significativo. O cômico significativo é uma linguagem mais clara, mas fácil de compreender pelo vulgo, e sobretudo mais fácil de analisar; seu elemento era visivelmente duplo: a arte e a ideia moral; entretanto, o cômico absoluto, aproximando-se muito mais da natureza, apresenta-se sob uma espécie *una*, e que quer ser apreendida por intuição. Só há uma verificação do grotesco, é o riso, e o riso súbito; diante do cômico significativo, não é proibido rir *a posteriori*; isso não infere contra seu valor; é uma questão de rapidez de análise.

Eu disse: cômico absoluto; é preciso, todavia, tomar cuidado. Do ponto de vista do absoluto definitivo, só resta a alegria. O cômico só pode ser absoluto em relação à humanidade decaída, e é assim que o entendo.

VI

A essência muito nobre do cômico absoluto faz dele o apanágio dos artistas superiores que possuem neles a receptibilidade suficiente de toda ideia absoluta. Dessa forma, o homem que, até o presente momento, melhor sentiu essas ideias, e que executou uma parte delas em trabalhos de pura estética e também de criação, foi Théodore Hoffmann. Ele sempre distinguiu muito bem o cômico ordinário do cômico que ele denomina cômico inocente. Procurou com frequência resolver em obras artísticas as sábias teorias que havia apresentado didaticamente, ou lançado sob a forma de conversações inspiradas e de diálogos críticos; e é nessas mesmas obras que irei buscar logo mais os exemplos mais extraordinários, quando virei dar uma série de aplicações dos princípios supramencionados e colar uma amostra sob cada título de categoria.

Por sinal, encontramos no cômico absoluto e no cômico significativo gêneros, subgêneros e famílias. A divisão pode ocorrer sobre diferentes bases. Pode-se construí-la inicialmente segundo uma lei filosófica pura, assim como comecei a fazê-lo, em seguida, segundo a lei artística de criação. A primeira é criada pela separação primitiva do cômico absoluto do cômico significativo; a segunda tem por base o gênero de faculdades especiais de cada artista. E, enfim, pode-se também estabelecer uma classificação de cômicos segundo os climas e as diversas aptidões nacionais. Deve-se observar que cada termo de cada classificação pode se completar e se nuançar pela adjunção de um termo de uma outra, como a lei gramatical nos ensina a modificar o substantivo pelo adjetivo. Assim, tal artista alemão ou inglês é mais ou menos próprio ao cômico absoluto, e ao mesmo tempo é mais ou menos idealizador. Vou tentar dar exemplos escolhidos de cômico absoluto e significativo, e caracterizar brevemente o espírito cômico próprio de algumas nações sobretudo artistas, antes de chegar à parte em que desejo discutir e analisar mais longamente o talento dos homens que fizeram dele seu estudo e sua existência.

Exagerando e levando aos últimos limites as consequências do cômico significativo, obtém-se o cômico feroz, assim como a expressão sinonímica do cômico inocente, com um grau a mais, é o cômico absoluto. Na França, país de pensamento e de demonstração claros, onde a arte visa natural e diretamente à utilidade, o cômico é geralmente significativo. Molière foi nesse gênero a melhor expressão francesa; todavia, como o fundo de nosso caráter é um distanciamento de toda coisa extrema, como um dos diagnósticos particulares de toda paixão francesa, de toda ciência, de toda arte francesa é fugir do excessivo, do absoluto e do profundo, há aqui, em consequência, pouco cômico feroz; da mesma forma nosso grotesco raramente se eleva ao absoluto.

Rabelais, que é o grande mestre francês do grotesco, conserva no meio de suas mais gigantescas fantasias algo de útil e racional. Ele é diretamente simbólico. Seu cômico tem quase sempre a transparência de um apólogo. Na caricatura francesa, na expressão plástica do cômico, reencontraremos esse espírito dominante. É preciso confessá-lo, o prodigioso bom humor poético necessário ao verdadeiro grotesco encontra-se raramente entre nós em uma dose igual e contínua. De vez em quando, vê-se reaparecer o filão; mas ele não é essencialmente nacional. É necessário mencionar nesse gênero alguns intermédios de Molière, infelizmente muito pouco lidos e muito pouco encenados, entre outros os de *O doente imaginário* e de *O burguês gentil-homem*, e as figuras carnavalescas de Callot. Quanto ao cômico dos *Contos* de Voltaire, essencialmente francês, sempre extrai sua razão de ser da ideia de superioridade; ele é completamente significativo.

A sonhadora Germânia nos dará excelentes amostras

de cômico absoluto. Lá tudo é grave, profundo, excessivo. Para encontrar o cômico feroz e muito feroz, é preciso atravessar o canal da Mancha e visitar os reinos brumosos do *spleen*. A alegre, ruidosa e descuidada Itália abunda em cômico inocente. É em plena Itália, no coração do carnaval meridional, no meio do turbulento Corso, que Théodore Hoffmann situou de modo judicioso o drama excêntrico de *A princesa Brambilla*. Os espanhóis são muito bem-dotados em matéria de cômico. Chegam rapidamente ao cruel, e suas fantasias mais grotescas contêm, amiúde, algo de sombrio.

Conservarei por muito tempo a lembrança da primeira pantomima inglesa que vi representarem. Foi no Théâtre des Variétés, há alguns anos. Poucas pessoas dela se recordarão, sem dúvida, pois bem poucas pareceram apreciar esse gênero de diversão, essas pobres mímicas inglesas tiveram entre nós uma triste acolhida. O público francês não gosta absolutamente de se sentir desorientado. Não tem o gosto muito cosmopolita e as mudanças de horizonte lhe perturbam a vista. No que me concerne, fui excessivamente surpreendido por essa maneira de compreender o cômico. Dizia-se, e eram os indulgentes, para explicar o insucesso, que eram artistas vulgares e medíocres, dublês; todavia, essa não era a questão. Eram ingleses, eis o importante.

Pareceu-me que o traço distintivo desse gênero de cômico era a violência. Darei a prova disso por algumas amostras de minhas lembranças.

Inicialmente, o Pierrô não era esse personagem pálido como a lua, misterioso como o silêncio, leve e silencioso como a serpente, reto e alto como uma forca, esse homem artificial, movido por mecanismos singulares, ao qual o lamentável Debureau nos havia acostumado. O

DA ESSÊNCIA DO RISO

Pierrô inglês chegava como a tempestade, caía como um imbecil e, quando ele ria, seu riso fazia estremecer a sala; esse riso se assemelhava a um radiante trovão. Era um homem baixo e gordo, tendo aumentado seu garbo por um traje carregado de fitas, que funcionavam, em torno de sua jubilosa pessoa, como as plumas e a penugem em torno dos pássaros, ou a peliça em torno dos angorás. Por cima do pó de seu rosto, ele havia colado cruamente, sem gradação, sem transição, duas enormes placas de ruge puro. A boca tinha sido aumentada por um prolongamento simulado dos lábios por meio de duas tiras de carmim, de modo que, quando ele ria, a boca parecia correr até as orelhas.

Quanto à moral, o fundo era igual ao do Pierrô que todos conhecem: indiferença e neutralidade e, em consequência, realização de todas as fantasias glutônicas e rapaces, em detrimento, ora de Arlequim, ora de Cassandra ou de Leandro. Entretanto, lá onde Debureau mergulhara a ponta do dedo para lambê-lo, ele mergulhava os dois punhos e os dois pés.

E todas as coisas se exprimiam assim, nessa singular peça, com arrebatamento; era a vertigem da hipérbole.

Pierrô passa diante de uma mulher que lava o chão de sua porta: depois de ter-lhe esvaziado os bolsos, quer fazer passar para os seus a esponja, a vassoura, a tina e até mesmo a água. Quanto à maneira pela qual ele tentava exprimir-lhe seu amor, todos podem imaginá-la pelas lembranças conservadas da contemplação dos hábitos fanerogâmicos dos macacos, na célebre jaula do Jardin--des-Plantes. É preciso acrescentar que o papel da mulher era representado por um homem muito alto e muito magro, cujo pudor violado lançava altos brados. Era realmente uma embriaguez de riso, algo de terrível e irresistível.

Por não sei qual crime, Pierrô devia ser finalmente guilhotinado. Por que a guilhotina em vez da forca, em terra inglesa?... Eu o ignoro; sem dúvida para conduzir ao que se vai ver. O instrumento fúnebre estava, portanto, lá, erguido sobre palcos franceses, muito espantados com essa romântica novidade. Após ter lutado e mugido como um boi que fareja o abatedouro, Pierrô sofria, enfim, seu destino. A cabeça se separava do pescoço, uma grande cabeça branca e vermelha, e rolava com barulho diante da abertura do ponto, mostrando o disco sangrento do pescoço, a vértebra cindida, e todos os detalhes de uma carne de açougue recém-cortada para a exposição. Mas eis que, de súbito, o torso encurtado, movido pela monomania do roubo, se erguia, escamoteava vitoriosamente sua própria cabeça como um presunto ou uma garrafa de vinho e, bem mais prudente que o grande São Dionísio, colocava-a em seu bolso!

Com a pena tudo isso é pálido e gélido. Como a pena poderia competir com a pantomima? A pantomima é a depuração da comédia; é sua quintessência; é o elemento cômico puro, liberado e concentrado. Por isso, com o talento especial dos atores ingleses pela hipérbole, todas essas monstruosas farsas adquiriam uma realidade singularmente surpreendente.

Uma das coisas mais extraordinárias como o cômico absoluto, e, por assim dizer, como metafísica do cômico absoluto, era com certeza o começo dessa bela peça, um prólogo repleto de uma elevada estética. Os principais personagens da peça, Pierrô, Cassandra, Arlequim, Colombina, Leandro, estão diante do público, bem dóceis e bem tranquilos. Eles são *grosso modo* racionais e não diferem muito das gentis pessoas que estão na sala. A brisa maravilhosa que fará com que se movam extraordinariamente ainda não soprou sobre seus cérebros. Algumas infantilidades de Pierrô podem dar apenas uma tênue ideia do que ele fará mais tarde. A rivalidade entre Arlequim e Leandro acaba de se manifestar. Uma fada se interessa por Arlequim: é a eterna protetora dos mortais enamorados e pobres. Ela lhe promete proteção e, para lhe dar uma prova imediata disso, movimenta com gesto misterioso e cheio de autoridade sua varinha no ar.

Imediatamente surge a vertigem, a vertigem circula no ar; respira-se a vertigem; é a vertigem que enche os pulmões e renova o sangue no ventrículo.

O que é essa vertigem? É o cômico absoluto; ele se apoderou de cada ser, Leandro, Pierrô, Cassandra, fazem gestos extraordinários, que demonstram claramente que eles se sentem introduzidos à força em uma nova existência. Não demonstram contrariedade por isso. Manifestam-se em relação aos grandes desastres e ao destino tumultuoso que os aguarda como alguém que cospe em suas mãos e as esfrega uma na outra antes de realizar uma ação extraordinária. Fazem com seus braços movimentos de rotação, assemelham-se a moinhos de vento agitados pela tempestade. É sem dúvida para tornar flexíveis suas articulações, precisarão delas. Tudo isso acontece com sonoras gargalhadas, repletas de um vasto contentamento; em seguida, saltam uns por cima dos outros e, sua agilidade e sua aptidão tendo sido devidamente constatadas, segue-se um deslumbrante buquê de pontapés, socos e tapas que fazem o barulho e luminosidade de uma artilharia; mas tudo isso se dá sem rancor. Todos os seus gestos, todos os seus gritos, todas as suas expressões dizem: a fada o quis, o destino nos apressa, não me aflijo com isso; vamos!, corramos!, lancemo-nos! E eles se lançam através da obra fantástica, que, para dizer a verdade, só começa aí, isto é, na fronteira do maravilhoso.

Arlequim e Colombina, aproveitando esse delírio, fugiram dançando, e com o passo ágil vão em busca das aventuras.

Mais um exemplo: este é extraído de um autor singular, espírito muito geral, apesar do que dizem disso, e que une à zombaria significativa francesa a hilaridade louca, suave e leve dos países do sol, ao mesmo tempo que o profundo cômico germânico. Ainda quero falar de Hoffmann.

No conto intitulado *Daucus Carota, o rei das cenouras*, e por alguns tradutores *A noiva do rei*, quando a grande tropa das Cenouras chega ao terreno onde mora a noiva, nada é mais esplêndido para se ver. Todos esses pequenos personagens de um vermelho escarlate como um regimento inglês, como um vasto penacho verde sobre a cabeça como criados de carruagem, executam piruetas e acrobacias maravilhosas sobre pequenos cavalos. Tudo isso se move com uma agilidade surpreendente. Eles são hábeis e lhes é fácil recair sobre a cabeça visto que ela é maior e mais pesada do que o resto do corpo, como os soldados em sabugo que têm um pouco de chumbo em sua barretina.

A infeliz jovem, alucinada por sonhos de grandeza, está fascinada por essa exibição de forças militares. Entretanto, um exército em desfile é diferente de um exército em suas casernas, polindo suas armas, lustrando seu equipamento ou, pior ainda, roncando ignominiosamente sobre suas camas de campanha fedorentas e sujas! Eis o reverso da medalha; pois tudo isso nada mais era senão sortilégio, instrumento de sedução. Seu pai, homem prudente e bem instruído na feitiçaria, quer lhe mostrar o contrario de todos esses esplendores. Assim, enquanto os legumes dormem um sono pesado, sem suspeitar de que possam ser surpreendidos pelo olhar de um espião, o pai entreabre uma das tendas desse magnífico exército; e então a pobre sonhadora vê essa massa de soldados vermelhos e verdes em seu assombroso desnudamento, nadando e dormindo na lama terrosa de onde saiu. Todo esse esplendor militar em gorro de dormir não é mais do que um pântano infecto.

Eu poderia extrair de Hoffmann muitos outros exemplos de cômico absoluto. Se se quiser compreender muito bem minhas ideias, é preciso ler com cuidado *Daucus Carota, Peregrinus Tyss, O pote de ouro*, e principalmente, *A princesa Brambilla*, que é como um catecismo de elevada estética.

O que distingue muito particularmente Hoffmann é a mistura involuntária, e algumas vezes muito voluntária, de certa dose de cômico significativo com o cômico mais absoluto. Suas concepções cômicas mais supranaturais, as mais fugidias, e que se parecem amiúde com visões da embriaguez, têm um senso moral muito visível: é de crer que se está diante de um fisiologista ou de um médico de doidos dos mais profundos, e que se divertiria a revestir essa profunda ciência de formas poéticas, como erudito que falaria por apólogos e parábolas.

Tomem, se vocês quiserem, por exemplo, o personagem de Giglio Fava, o comediante acometido de dualismo crônico, em *A princesa Brambilla*. Esse personagem *um* muda de vez em quando de personalidade e, sob nome de Giglio Fava, declara-se o inimigo do príncipe assírio Cornélio Chiapperi; e, quando ele é príncipe assírio, extravasa o mais profundo e o mais real desprezo sobre seu rival junto à princesa, sobre um miserável histrião que se chama, ao que se diz, Giglio Fava.

Deve-se acrescentar que um dos sinais muito particulares do cômico absoluto é ignorar-se a si mesmo. Isso é visível não só em certos animais do cômico, dos quais a gravidade faz parte essencial, como os macacos, e em certas caricaturas esculturais antigas das quais já falei, mais ainda nas monstruosidades chinesas que tanto nos divertem, e que têm muito menos intenções cômicas do que geralmente se crê. Um ídolo chinês, ainda que seja um objeto de veneração, não difere absolutamente de um *poussah*[5] ou de um *magot*[6] de chaminé.

Assim, para terminar com todas essas sutilezas e todas essas definições, e para concluir, observarei uma última vez que reencontramos a ideia dominante de superioridade no cômico absoluto como no cômico significativo, assim como expliquei, exaustivamente, talvez; que, para que haja cômico, isto é, emanação, explosão, liberação do cômico, é necessário haver dois seres cara a cara; que é especialmente no ridente, no espectador, que jaz o cômico; que, entretanto, em relação a essa lei de ignorância, deve-se fazer uma exceção para os homens que fizeram ofício de desenvolver neles o sentimento do cômico e de extraí-lo deles próprios para o divertimento de seus semelhantes, cujo fenômeno entra na classe de todos os fenômenos artísticos que denotam no ser humano a existência de uma dualidade permanente, o poder de ser simultaneamente ele mesmo e um outro.

E, para retornar às minhas primeiras definições e me exprimir mais claramente, digo que, quando Hoffmann

[5] Busto de um homem gordo ou representação popular de Buda [N. do T.].
[6] Figura atarracada do Extremo Oriente, em porcelana, pedra ou jade [N. do T.].

engendra o cômico absoluto, é bem verdade que ele o conhece; mas também sabe que a essência desse cômico é parecer ignorar-se a si mesmo e desenvolver no espectador, ou melhor, no leitor, a alegria de sua própria superioridade e a alegria da superioridade do homem sobre a natureza. Os artistas criam o cômico; tendo estudado e reunido os elementos do cômico, sabem que tal ser é cômico, e que só o é sob a condição de ignorar sua natureza; da mesma forma, por uma lei inversa, o artista só é artista sob a condição de ser duplo e de não ignorar nenhum fenômeno de sua dupla natureza.

ALGUNS CARICATURISTAS ESTRANGEIROS
Hogarth — Cruikshank — Goya — Pinelli — Brueghel

I

UM NOME COMPLETAMENTE popular, não só entre os artistas, mas também entre as pessoas do mundo, um artista dos mais eminentes em matéria do cômico, e que preenche a memória como um provérbio, é Hogarth. Frequentemente ouvi dizer de Hogarth: "É o enterro do cômico". Estou de acordo; a expressão pode ser tomada por maliciosa, mas desejo que ela seja compreendida como elogio; extraio dessa fórmula malevolente o sintoma, o diagnóstico de um mérito bem particular. Com efeito, se atentarmos para isso verificamos que o talento de Hogarth comporta em si algo de frio, adstringente, fúnebre. Isso oprime o coração. Brutal e violento, mas sempre preocupado com o senso moral de suas composições, moralista antes de tudo, ele as carrega, como nosso Grandville, de detalhes alegóricos e alusivos, cuja função, segundo ele, é completar e elucidar seu pensamento. Para o espectador, ia dizer, creio, para o leitor, ocorre algumas vezes, contra o seu desejo, que elas retardem a inteligência e a perturbem.

Por sinal, Hogarth possui, como todos os artistas que pesquisam muito, estilos e trechos bastante variados. Seu procedimento nem sempre é assim tão duro, tão literal, tão minucioso. Por exemplo, se compararmos as pranchas do *Casamento à moda* com aquelas que representam *Os perigos e as consequências da incontinência, O palácio do gim, O suplício do músico, O poeta em sua casa,* reconhecer-se-á nessas últimas muito mais desembaraço e abandono. Uma das mais curiosas é certamente aquela que nos mostra um cadáver prostrado, rígido e estendido sobre a mesa de dissecação. Sobre uma polia ou qualquer outra mecânica presa ao teto dobram-se os intestinos do morto corrompido. Esse morto é horrível, e nada pode fazer um contraste mais singular com esse cadáver, cadavérico entre todos, do que as altas, longas, magras ou rotundas figuras, grotescamente graves, de todos esses doutores britânicos, carregadas de monstruosas perucas à inglesa. Num canto, um cão mergulha avidamente seu focinho num balde e de lá pilha alguns restos humanos. Hogarth, o enterro do cômico! Eu preferiria dizer que é cômico no enterro. Esse cão antropófago fez-me sempre lembrar do porco histórico que se saciava impudentemente com o sangue do desafortunado Fualdès, enquanto um realejo executava, por assim dizer, o serviço fúnebre do moribundo.

Afirmei, há pouco, que o bom termo de ateliê devia ser tomado como um elogio. Com efeito, encontro em Hogarth esse não sei quê de sinistro, de violento e de resoluto, que se manifesta em quase todas as obras do país do *spleen*. Em *O palácio do gim*, ao lado das desventuras inumeráveis e dos acidentes grotescos dos quais são semeadas a vida e a estrada dos bêbados, encontramos casos terríveis que são pouco cômicos do nosso ponto de vista francês: quase sempre casos de morte violenta. Não quero fazer aqui uma análise detalhada das obras de Hogarth; inúmeras apreciações já foram feitas do singular e minucioso moralista, e quero me limitar a constatar o caráter geral que domina as obras de cada artista importante.

Seria injusto, ao falar da Inglaterra, não mencionar Seymour, do qual todo mundo viu as admiráveis caricaturas sobre a pesca e a caça, dupla epopeia de maníacos. Foi dele que se tomou emprestado primitivamente essa maravilhosa alegoria da aranha que teceu sua teia entre a linha e o braço desse pescador que a impaciência nunca faz tremer.

Em Seymour, como nos outros ingleses, violência e amor pelo exagero; maneira simples, arquibrutal e direta, de apresentar o tema. Em matéria de caricatura, os ingleses são radicais. *Oh! the deep, deep sea!* exclama numa beata contemplação, tranquilamente sentado sobre o banco de um bote, um gordo londrino, a um quarto de légua do porto. Creio inclusive que se percebem ainda alguns telhados ao fundo. O êxtase desse imbecil é extremo; por isso, ele não vê as duas gordas pernas de sua querida esposa, que ultrapassam a água e se mantêm retas, as extremidades no ar. Parece que essa gorda pessoa deixou-se cair, a cabeça por primeiro, no líquido elemento cujo aspecto entusiasma esse pesado cérebro. Dessa infeliz criatura as pernas são tudo o que se vê. Logo mais esse poderoso amante da natureza procurara fleumaticamente sua mulher e não a encontrará mais.

O mérito especial de Georges Cruikshank (faço abstração de todos os seus outros méritos, fineza de expressão, apreensão do fantástico etc.) é uma abundância inesgotável no grotesco. Essa verve é inconcebível, e seria considerada impossível se as provas não estivessem lá sob a forma de uma obra imensa, coleção inumerável de vinhetas, longa série de álbuns cômicos, enfim, de tal quantidade de personagens, situações, fisionomias, quadros grotescos, que a memória do observador se perde nele; o grotesco flui incessante e inevitavelmente da ponta de Cruikshank assim como as rimas ricas da pena dos poetas naturais. O grotesco é seu hábito.

Se se pudesse analisar de modo seguro uma coisa tão fugaz e impalpável quanto o sentimento na arte, esse não sei quê que distingue sempre um artista de um outro, por mais íntimo que seja na aparência seu parentesco, direi que o que constitui principalmente o grotesco de Cruikshank é a violência extravagante do gesto e do movimento, e a explosão na expressão. Todos os seus pequenos personagens mimam com furor e turbulência como atores de pantomima. O único defeito que se lhe possa censurar é o de ser com frequência mais homem de espírito, mais rabiscador do que artista, enfim, de nem sempre desenhar de uma maneira bastante conscienciosa. Dir-se-ia que, no prazer que ele ressente em se entregar à sua prodigiosa verve, o autor esquece de dotar seus personagens de uma vitalidade suficiente. Desenha um pouco como os homens de letras que se divertem em rabiscar croqui. Essas prestigiosas pequenas criaturas nem sempre nasceram viáveis. Todo esse mundo minúsculo se revira, se agita e se mescla com uma petulância indizível, sem se inquietar muito se todos os seus membros estão bem em seu lugar natural. Com muita frequência são apenas hipóteses humanas que se debatem como podem. Enfim, tal como é, Cruikshank é um artista dotado de ricas faculdades cômicas, e que permanecerá em todas as coleções. Mas o que dizer desses plagiadores franceses modernos, impertinentes até o ponto de se apropriarem não só dos temas e dos *canevas*, mas até mesmo da maneira e do estilo? Felizmente a ingenuidade não pode ser roubada. Eles conseguiram ser insensíveis em sua infantilidade afetada, e desenham de um modo ainda mais insuficiente.

II

Na Espanha, um homem singular abriu novos horizontes no cômico.

A propósito de Goya, devo inicialmente conduzir meus leitores ao excelente artigo que Théophile Gautier escreveu sobre ele em *Le cabinet de l'amateur*, e que foi depois reproduzido numa antologia. Théophile Gautier é perfeitamente dotado para compreender semelhantes naturezas. Por sinal, em relação às técnicas de Goya — água-tinta e água-forte misturadas, com retoques a ponta seca —, o artigo em questão contém tudo o que é preciso. Quero apenas acrescentar algumas palavras sobre o elemento muito raro que Goya introduziu no cômico: quero falar do fantástico. Goya não é precisamente nada de especial, de particular, nem cômico absoluto, nem cômico puramente significativo, à maneira francesa. Sem dúvida, mergulha com frequência no cômico feroz e se eleva até o cômico absoluto; todavia, o aspecto geral sob o qual vê as coisas é sobretudo fantástico, ou melhor, o olhar que lança sobre as coisas é um tradutor naturalmente fantástico. *Os caprichos* é uma obra maravilhosa não só pela originalidade das concepções, mas também pela execução. Imagino diante de *Os caprichos* um homem, um curioso, um amante, não tendo nenhuma noção dos fatos históricos aos quais várias dessas pranchas fazem alusão, um simples espírito de artista que não saiba quem é Godói, nem o rei Carlos, nem a rainha; experimentará, todavia, no fundo do seu cérebro, uma viva comoção por causa da maneira original, da plenitude e da certeza dos meios do artista, e também dessa atmosfera fantástica que envolve todos os seus temas. De resto, há nas obras surgidas das profundas individualidades algo que se assemelha a esses sonhos periódicos ou crônicos que assediam regularmente nosso sono. É isso que marca o verdadeiro artista, sempre durável e vivaz, inclusive nessas obras fugazes, por assim dizer, suspensas nos acontecimentos, denominadas caricaturas; é isso, eu dizia, o que distingue os caricaturistas históricos dos caricaturistas artísticos, o cômico fugaz do cômico eterno.

Goya é sempre um grande artista, com frequência, assustador. Ele une à graça, à jovialidade, à sátira espanhola do bom tempo de Cervantes, um espírito bem mais moderno ou, pelo menos, que foi bem mais escrutado nos tempos modernos, o amor pelo inapreensível, o sentimento pelos contrastes violentos, pelos espantos da natureza e pelas fisionomias humanas estranhamente animalizadas pelas circunstâncias. É algo curioso de observar que esse espírito que surge após o grande movimento satírico e demolidor do século XVIII e com quem Voltaire se mostraria satisfeito, pela ideia apenas (pois o pobre grande homem mal se conhecia quanto ao resto), de todas essas caricaturas monacais — monges bocejantes, monges glutões, feições quadradas de assassinos se preparando para as matinas, feições ardilosas, hipócritas, finas e perversas como perfis de aves de rapina —; é curioso, eu dizia, que esse que odiava monges tenha sonhado tanto com bruxas, sabá, bruxarias, crianças assadas no espeto, sei lá o quê, todas as orgias do sonho, todas as hipérboles da alucinação, e depois todas essas brancas e esbeltas espanholas que velhas sempiternas lavam e preparam seja para o sabá, seja para a prostituição da noite, sabá da civilização! A luz e as trevas se divertem através de todos esses grotescos horrores. Que singular jovialidade! Lembro-me principalmente de duas pranchas extraordinárias: uma representa uma paisagem fantástica, uma mistura de nuvens e rochedos. Trata-se de um canto de *sierra* desconhecida e não frequentada? Uma amostra do caos? Lá, no seio desse teatro abominável ocorre uma batalha encarniçada entre duas bruxas suspensas nos ares. Uma cavalga sobre a outra; ela a espanca, subjuga-a. Esses dois monstros rolam pelo ar tenebroso. Toda a hediondez, toda a sordidez moral, todos os vícios que o espírito humano pode conceber estão escritos sobre essas duas faces, que, segundo um hábito frequente e um procedimento inexplicável do artista, estão entre o homem e a fera.

A outra prancha representa um ser, um infeliz, uma mônada solitária e desesperada, que quer sair de seu túmulo. Demônios malfazejos, uma miríade de vis gnomos liliputianos fazem pressão com todos os seus esforços reunidos sobre a tampa do túmulo entreaberto. Esses guardiães vigilantes da morte se coligaram contra a alma recalcitrante que se consome em luta impossível. Esse pesadelo se agita no horror do vago e do infinito.

No final de sua carreira, os olhos de Goya se enfraqueceram a ponto de ser preciso, segundo dizem, que apontassem seus lápis. Todavia, mesmo nessa época fez grandes litografias muito importantes, entre outras, touradas cheias de multidões e de efervescência, pranchas admiráveis, vastos quadros em miniatura — novas provas para sustentar essa lei singular que preside o destino dos grandes artistas e que quer que, a vida se governando ao inverso da inteligência, eles ganhem de um lado o que perdem do outro e vão assim, segundo uma juventude progressiva, reforçando-se, revigorando-se e crescendo em audácia até a beira do túmulo.

No primeiro plano de uma dessas imagens, onde reinam um tumulto e uma confusão admiráveis, um touro furioso, um desses vingativos que se lançam ferozmente sobre os mortos, rasgou o fundilho da calça de um dos combatentes. Este, que está apenas ferido, arrasta-se pesadamente sobre os joelhos. A formidável fera levantou com seus chifres a camisa lacerada e pôs à mostra as nádegas do infeliz, e baixa de novo seu focinho ameaçador; todavia, essa indecência na carnificina não comove absolutamente a assembleia.

O grande mérito de Goya consiste em criar a monstruosa verossimilhança. Seus monstros nasceram viáveis, harmônicos. Ninguém ousou mais do que ele no sentido do absurdo possível, todas essas contorções, esses rostos bestiais, essas caretas diabólicas estão penetradas de humanidade. Mesmo do ponto de vista particular da história natural, seria difícil condená-los de tanto que há analogia e harmonia em todas as partes de seu ser; numa palavra, a linha de sutura, o ponto de junção entre o real e o fantástico é impossível de determinar; é uma fronteira vaga que a análise mais sutil não poderia traçar de tanto que a arte é simultaneamente transcendente e natural.[1]

III

O clima da Itália, por mais meridional que seja, não é o da Espanha, e a fermentação do cômico não dá, lá, os mesmos resultados. O pedantismo italiano (sirvo-me desse termo na falta de um mais apropriado) encontrou sua expressão nas caricaturas de Leonardo da Vinci e nas cenas de costumes de Pinelli. Todos os artistas conhecem

---

[1] Possuíamos, há alguns anos, várias pinturas preciosas de Goya, relegadas infelizmente a cantos obscuros da galeria; elas desapareceram com o Museu espanhol [N. do A.].

as caricaturas de Leonardo da Vinci, verdadeiros retratos. Hediondas e frias, a essas caricaturas não faltam crueldade, mas lhes falta o cômico; nada de expansão, nada de abandono; o grande artista não se divertia ao desenhá-las, ele as fez como cientista, como geômetra, como professor de história natural. Evitou omitir a mínima verruga, o menor fio de cabelo. Talvez, em suma, não tivesse a pretensão de fazer caricaturas. Procurou em torno dele tipos de feiura excêntricas e as copiou.

Entretanto, tal não é, em geral, o caráter italiano. O chiste está em baixa, mas é franco. Os quadros de Bassan que representam o carnaval de Veneza nos dão uma ideia exata disso. Esse bom humor transborda de salames, presuntos e macarrão. Uma vez por ano, o cômico italiano explode no Corso e lá alcança os limites do furor. Todo mundo é espirituoso, todos se tornam artistas cômicos; Marselha e Bordeaux talvez pudessem nos dar amostras desses temperamentos. Deve-se ver, em *A princesa Brambilla*, como Hoffmann compreendeu tão bem o caráter italiano, e como os artistas alemães que bebem no Café Greco falam disso delicadamente. Os artistas italianos são mais bufões do que cômicos. Falta-lhes profundidade, todavia, todos eles sofrem da franca embriaguez do bom humor nacional. Materialista, como é geralmente o *Midi*,[2] seu chiste está sempre relacionado com a cozinha e o local mal-afamado. Em resumo, é um artista francês, é Callot, quem, pela concentração de espírito e pela firmeza de vontade próprias de nosso país, deu a esse gênero cômico sua mais bela expressão. É um francês que permaneceu o melhor bufão italiano.

Falei há pouco de Pinelli, que é agora uma glória bem reduzida. Não diremos dele que se trata precisamente de

[2] O sul de um país, região meridional [N. do T.].

um caricaturista; trata-se mais de um devorador[3] de cenas pitorescas. Só o menciono porque minha juventude foi fatigada de ouvir louvores a ele como sendo o tipo do caricaturista nobre. Na verdade, o cômico só entra nisso tudo numa quantidade infinitesimal. Em todos os estudos desse artista encontramos uma preocupação constante da linha e das composições antigas, uma aspiração sistemática ao estilo.

Mas Pinelli — o que sem dúvida muito contribuiu para sua reputação — teve uma existência muito mais romântica do que seu talento. Sua originalidade manifestou-se bem mais em seu caráter do que em suas obras; pois foi um dos tipos mais completos do artista, tal como o imaginam os bons burgueses, isto é, da desordem clássica, da inspiração exprimindo-se pelo mau comportamento e pelo costumes violentos. Pinelli possuía todo o charlatanismo de alguns artistas: seus dois cães enormes que o acompanhavam em todos os lugares como confidentes e camaradas, sua grossa bengala nodosa, seus cabelos em tranças que escorriam ao longo de suas faces, o cabaré, a má companhia, a atitude de destruir faustosamente as obras às quais não lhe ofereciam um preço satisfatório, tudo isso fazia parte de sua reputação. O lar de Pinelli não era em absoluto mais bem ordenado do que a conduta do chefe da casa. Algumas vezes, ao voltar para casa, encontrava sua mulher e sua filha arrancando-se os cabelos, os olhos esbugalhados, em toda excitação e fúria italianas. Pinelli achava isso extraordinário: "Parem!", gritava para elas, "não se mexam, permaneçam assim!". E o drama se metamorfoseava num desenho. Vê-se que Pinelli era da raça dos artistas que passeiam pela natureza material para que ela venha em auxílio à preguiça de

---

[3] No original *croqueur* [N. do T.].

seu espírito, sem prontos *a empunhar seus pincéis*. Ele se aproxima, assim, por um lado, do infeliz Léopold Robert, que também sustentava encontrar na natureza, e somente na natureza, esses temas prontos, que, para artistas mais imaginativos, só têm um valor de observação. Mesmo esses temas, inclusive os mais nacionalmente cômicos e pitorescos, para Pinelli assim como para Léopold Robert, sempre passaram pelo crivo, pelo tamis implacável do gosto.

Pinelli foi caluniado? Eu o ignoro, mas tal é a lenda. Ora, tudo isso me parece sinal de fraqueza. Eu gostaria que se criasse um neologismo, que se fabricasse uma palavra destinada a censurar esse gênero de clichê, clichê na aparência e na conduta, que se introduz na vida dos artistas assim como em suas obras. Por sinal, observo que o contrário se apresenta com frequência na história, e que os artistas mais inventivos, os mais surpreendentes, os mais excêntricos em suas concepções, são amiúde homens cuja vida é calma e minuciosamente ordenada. Vários dentre eles tiveram as virtudes de vida familiar muito desenvolvidas. Você não observou com frequência que nada se assemelha mais ao perfeito burguês do que o artista de gênio concentrado?

IV

Os flamengos e holandeses fizeram, desde o início, coisas belíssimas, de um caráter verdadeiramente especial e autóctone. Todo mundo conhece as antigas e singulares produções de Brueghel,[4] o Engraçado, que não deve ser confundido, assim como o fizeram vários escritores, com Brueghel[5] de Inferno. Que haja nisso uma

---

[4] Também conhecido como Brueghel, o Velho [N. do T.].
[5] Também conhecido como Brueghel, o Jovem [N. do T.].

certa sistematização, um *parti pris* de excentricidade, um método no bizarro, não é de duvidar. Todavia, também é bem certo que esse estranho talento tem uma origem mais elevada do que uma espécie de aposta artística. Nos quadros fantásticos de Brueghel, o Engraçado, mostra-se toda a força da alucinação. Que artista poderia compor obras tão monstruosamente paradoxais, se não fosse arrebatado desde o princípio por alguma força desconhecida? Na arte, uma coisa que não é bastante observada, a parte deixada à vontade do homem é bem menor do que se poderia crer. Há no ideal barroco que Brueghel parece ter perseguido muitas relações com o de Grandville, principalmente se quisermos examinar bem as tendências que o artista francês manifestou nos últimos anos de sua vida: visões de um cérebro doente, alucinações da febre, mudanças repentinas e totais do sonho, associações bizarras de ideias, combinações de formas fortuitas e heteróclitas.

As obras de Brueghel, o Engraçado, podem se dividir em duas classes: uma contém alegorias políticas quase indecifráveis hoje; é nessa série que encontramos casas cujas janelas são olhos, moinhos cujas asas são braços, e mil composições assustadoras onde a natureza é incessantemente transformada em logogrifo. Além de tudo, bem amiúde, é impossível distinguir se esse gênero de composição pertence às classes dos desenhos políticos e alegóricos, ou à segunda classe, que é evidentemente a mais curiosa. Esta, que nosso século, para o qual nada é difícil de explicar, graças a seu duplo caráter de incredulidade e de ignorância, qualificaria simplesmente de fantasias e caprichos, contém, segundo me parece, uma espécie de *mistério*. Os últimos trabalhos de alguns médicos, que finalmente entreviram a necessidade de explicar um grande número de fatos históricos e milagrosos de outra maneira que não pelos meios cômodos da escola voltairiana, a qual só via, em todos os lugares, a habilidade da impostura, ainda não esclareceram todos os arcanos psíquicos. Ora, desafio que se explique o cafarnaum diabólico e divertido de Brueghel, o Engraçado, de outra forma senão por uma espécie de graça especial e satânica. Ao termo graça especial substitua, se quiser, o termo loucura, ou alucinação; mas o mistério permanecerá quase tão negro. A coleção de todas essas peças espalha um contágio; os gracejos de Brueghel, o Engraçado, dão vertigem. Como uma inteligência humana pôde conter tantas diabruras e maravilhas, engendrar e descrever tantos absurdos assustadores? Não posso compreendê-lo nem determinar positivamente sua razão; todavia, encontramos amiúde na história, e inclusive em algumas partes modernas da história, a prova do imenso poder dos contágios, do envenenamento pela atmosfera moral, e não posso me impedir de observar (mas sem afetação, sem pedantismo, sem intenção positiva, como para provar que Brueghel pôde ver o diabo em pessoa) que esta prodigiosa floração de monstruosidades coincide da maneira mais singular com a famosa e histórica *epidemia dos bruxos*.

A ARTE FILOSÓFICA

O QUE É a arte pura segundo a concepção moderna? É criar uma magia sugestiva contendo ao mesmo tempo o objeto e o sujeito, o mundo exterior ao artista e o próprio artista.

O que é a arte filosófica segundo a concepção de Chenavard e da escola alemã? É uma arte plástica que tem a pretensão de substituir o livro, quer dizer, rivalizar com a arte de imprimir para ensinar a história, a moral e a filosofia.

Há, com efeito, épocas da história em que a arte plástica está destinada a pintar os arquivos históricos de um povo e suas crenças religiosas.

Entretanto, há vários séculos, deu-se na história da arte como que uma separação cada vez mais marcada pelos poderes, há temas que pertencem à pintura, outros à música, outros ainda à literatura.

Será por uma fatalidade das decadências que hoje cada arte manifesta a vontade de invadir a arte vizinha e que os pintores introduzem gamas musicais na pintura, os escultores, cor na escultura, os literatos, meios plásticos na literatura, e outros artistas, aqueles dos quais vamos nos ocupar hoje, um tipo de filosofia enciclopédica na própria arte plástica?

Toda boa escultura, toda boa pintura, toda boa música, sugere os sentimentos e os devaneios que ela quer sugerir.

Mas o raciocínio, a dedução, pertencem ao livro.

Assim, a arte filosófica é um retorno à *imagerie*[1] necessária à infância dos povos, e, se fosse rigorosamente fiel a si mesma, ela se obrigaria a justapor tantas imagens sucessivas quantas estão contidas numa frase qualquer que ela quisesse exprimir.

Temos ainda o direito de duvidar que a frase hieroglífica foi mais clara do que a frase tipografada.

Estudaremos, portanto, a arte filosófica como uma monstruosidade em que se mostraram belos talentos.

Observemos ainda que a arte filosófica supõe um absurdo para legitimar sua razão de existência, isto é, a inteligência do povo em relação às belas-artes.

Quanto mais a arte quiser ser filosoficamente clara, mais ela se degradará e remontará ao hieróglifo infantil; ao contrário, quanto mais a arte se destacar do ensinamento, mais ascenderá à beleza pura e desinteressada.

A Alemanha, conforme se sabe e como seria fácil adivinhá-lo se não se soubesse, é o país que mais incidiu no erro da arte filosófica.

Deixaremos de lado temas bem conhecidos, por exemplo, Overbeck estudando a beleza no passado apenas para melhor ensinar a religião; Cornélius e Kaulbach, para ensinar a história e a filosofia (ainda observaremos que Kaulbach, tendo de tratar um tema puramente pitoresco, a *Casa dos loucos*, não pôde se impedir de tratá-lo por categorias e, por assim dizer, de uma maneira aristotélica, de tanto que é indestrutível a antinomia entre o espírito poético puro e o espírito didático).

Nós nos ocuparemos hoje, como primeira amostra da arte filosófica, de um artista alemão muito menos conhecido, mas que, segundo nossa opinião, era infinitamente

---

[1] Conjunto de imagens de mesma inspiração [N. do T.].

mais bem-dotado do ponto de vista da arte pura. Refiro-me a Alfred Réthel, morto louco, há pouco tempo, depois de ter decorado uma capela às margens do Reno, e que só é conhecido em Paris por oito estampas gravadas sobre madeira, cujas duas últimas foram exibidas na Exposição Universal.

O primeiro de seus poemas (somos obrigados a nos servir dessa expressão falando de uma escola que assimila a arte plástica ao pensamento escrito), o primeiro de seus poemas data de 1848 e intitula-se *A Dança dos Mortos em 1848*.

É um poema conservador cujo tema é a usurpação de todos os poderes e a sedução operada sobre o povo pela deusa fatal da morte.

(Descrição minuciosa de cada uma das seis pranchas que compõem o poema e a tradução exata das legendas em verso que as acompanham. Análise do mérito artístico de Alfred Réthel, o que há de original nele (gênio da alegoria épica à maneira alemã), o que há de postiço nele (imitações dos diferentes mestres do passado, de Albrecht Dürer, de Holbein, e inclusive de mestres mais modernos), do valor moral do poema, caráter satânico e byroniano, caráter de desolação.) O que acho de verdadeiramente original no poema é que ele se produziu num momento em que quase toda a humanidade europeia tinha se entusiasmado, com boa-fé, com as tolices da revolução.

Duas pranchas tornavam-se antítese. A primeira: *Primeira invasão do cólera em Paris, no Baile do Opéra*. As máscaras rígidas, estendidas no chão, expressão hedionda de uma pierrete cujas pontas dos pés estão no ar e a máscara desfeita; os músicos que fogem com seus instrumentos; alegoria do flagelo impassível sobre seu banco; caráter geralmente macabro da composição. A segunda, uma espécie de boa morte fazendo contraste; um homem virtuoso e calmo é surpreendido pela morte em seu sono; ele está situado num lugar elevado, um lugar onde, sem dúvida, viveu longos anos; é um quarto num campanário de onde se percebem os campos e um vasto horizonte, um lugar feito para pacificar o espírito; o velho homem está adormecido numa poltrona grosseira, a Morte toca uma ária encantadora no violino. Um grande sol, cortado em dois pela linha do horizonte, lança para cima seus raios geométricos. *É o fim de um belo dia.*

Um pequeno pássaro pousou sobre o parapeito da janela e olha para dentro do quarto; vem ele escutar o violino da Morte, ou é uma alegoria da alma prestes a partir?

É preciso, na tradução das obras de arte filosóficas, mostrar uma grande minúcia e uma grande atenção; aí, os lugares, o cenário, os móveis, os utensílios (ver Hogarth), tudo é alegoria, alusão, hieróglifos, enigma.

Michelet tentou interpretar de forma minuciosa a *Melancolia* de Albrecht Dürer; sua interpretação é suspeita, particularmente em relação à seringa.

Por sinal, mesmo ao espírito de um artista filósofo, os acessórios se oferecem, não com um caráter literal e preciso, mas com um caráter poético, vago e confuso, e amiúde é o tradutor que inventa as intenções.

A arte filosófica não é tão estranha à natureza francesa quanto se poderia crer. A França ama o mito, a moral, o enigma; ou, melhor dizendo, país de raciocínio, ela ama o esforço do espírito.

Foi sobretudo a escola romântica que reagiu contra essas tendências racionais e que fez prevalecer a glória da arte pura; e certas tendências, particularmente aquelas de Chenavard, reabilitação da arte hieroglífica, são uma reação contra a escola da arte pela arte.

Haverá climas filosóficos como há climas amorosos? Veneza praticou o amor da arte pela arte; Lyon é uma cidade filosófica. Existe uma filosofia lionesa, uma escola de poesia lionesa, uma escola de pintura lionesa e, enfim, uma escola de pintura filosófica lionesa.

Cidade singular, beata e mercante, católica e protestante, repleta de brumas e carvões, lá as ideias se desembaraçam com dificuldade. Tudo o que vem de Lyon é minucioso, lentamente elaborado e temeroso; o abade Noireau (*sic*), Laprade, Soulary, Chenavard, Janmot. Dir-se-ia que os cérebros são, lá, constipados. Mesmo em Soulary encontro esse espírito de categoria que brilha sobretudo nos trabalhos de Chenavard e que se manifesta também nas canções de Pierre Dupont.

O cérebro de Chenavard assemelha-se à cidade de Lyon; ele é brumoso, fuliginoso, eriçado de pontas, como a cidade de campanários e fornos. Nesse cérebro as coisas não se refletem claramente, refletem-se apenas através de um meio de vapores.

Chenavard não é pintor; despreza o que entendemos por pintura. Seria injusto aplicar-lhe a fábula de La Fontaine (elas estão muito verdes, e boas apenas para criados);[2] pois creio que, mesmo que Chenavard pudesse pintar com tanta destreza quanto qualquer um, não desprezaria menos o charme e a amenidade da arte.

Digamos de imediato que Chenavard tem uma enorme superioridade sobre todos os artistas: se ele não é bastante animal, eles são excessivamente pouco espirituais.

Chenavard sabe ler e raciocinar e se tornou, assim, o

---

[2] Aqui Baudelaire alude à fábula *A raposa e as uvas,* referente ao trecho em que a raposa desdenha das uvas que não consegue alcançar [N. do T.].

amigo de todas as pessoas que amam o raciocínio; ele é extraordinariamente culto e possui a prática da meditação.

O amor pelas bibliotecas manifestou-se nele desde a juventude; acostumado bem jovem a associar uma ideia a cada forma plástica, nunca examinou cartões de gravuras ou contemplou museus de quadros senão como repertórios do pensamento humano geral. Curioso por religiões e dotado de um espírito enciclopédico, devia naturalmente desaguar na concepção imparcial de um sistema sincrético.

Ainda que pesado e difícil de manobrar, seu espírito possui seduções das quais ele sabe extrair grande proveito e, se esperou muito tempo antes de desempenhar uma função, saibam que suas ambições, apesar de sua aparente bonomia, nunca foram pequenas.

(Primeiros quadros de Chenavard: — *De Dreux-Brézé e Mirabeau* — *A convenção votando a morte de Luís* XVI. Chenavard escolheu muito bem seu momento para exibir seu sistema de filosofia histórica, expresso pelo creiom.)

Dividamos aqui nosso trabalho em duas partes: numa, analisaremos o mérito intrínseco do artista dotado de uma habilidade surpreendente de composição e bem maior do que se poderia suspeitar, se o desdém que professa pelos recursos de sua arte — habilidade de desenhar as mulheres — fosse levado muito a sério; na outra, examinaremos o mérito que chamo extrínseco, isto é, o sistema filosófico.

Dissemos que ele tinha escolhido muito bem seu momento, quer dizer, o dia seguinte de uma revolução.

(Ledru-Rollin: perturbação geral dos espíritos e viva preocupação pública e relativa à filosofia da história.)

A Humanidade é análoga ao homem.

Ela tem suas idades e seus prazeres, suas concepções análogas a suas idades.

(Análise do Calendário emblemático de Chenavard. — Que tal arte pertence a tal idade da humanidade assim como tal paixão a tal idade do homem.

A idade do homem se divide em *infância*, a qual corresponde na humanidade ao período histórico desde Adão até Babel; virilidade, a qual corresponde ao período desde Babel até Jesus Cristo, que será considerado como o zênite da vida humana; *meia-idade*, que corresponde desde Jesus Cristo até ; e, enfim, *velhice*, que corresponde ao período no qual entraremos em breve e cujo começo está marcado pela supremacia da América e da indústria.

A idade total da humanidade será de oito mil e quatrocentos anos.

De algumas opiniões particulares de Chenavard. Da superioridade absoluta de Péricles.

Vileza da paisagem — sinal de decadência.

A supremacia simultânea da música e da indústria, — sinal de decadência.

Análise do ponto de vista da arte pura de alguns de seus cartões expostos em 1855.)

O que serve para polir o caráter utópico e da própria decadência de Chenavard é que ele queria arregimentar sob sua direção os artistas como operários para executar em grandes dimensões seus cartões e colori-los de uma maneira bárbara.

Chenavard é um grande espírito de decadência e permanecerá como marca monstruosa do tempo.

Janmot também é de Lyon.

É um espírito religioso e elegíaco, deve ter sido marcado jovem pela beatice lionesa.

Os poemas de Réthel são bem construídos como poemas. O calendário histórico de Chenavard é uma fantasia de uma simetria irrefutável, mas a *História de uma alma* é inquietante e confusa.

A religiosidade que nela está impressa havia dado a essa série de composições um grande valor para o jornalismo clerical, quando foram expostas na passagem do Salmão; mais tarde as revimos na Exposição Universal, onde foram objeto de um augusto desdém.

Uma explicação em verso foi feita pelo artista, servindo apenas para melhor demonstrar a indecisão de sua concepção e para melhor embaraçar o espírito dos espectadores filósofos aos quais ela se endereçava.

Tudo o que compreendi é que esses quadros representavam os estados sucessivos da alma em diferentes idades; entretanto, como sempre havia dois seres em cena, um rapaz e uma moça, meu espírito se fatigou em procurar se o pensamento íntimo do poema não era a história paralela de duas jovens almas ou a história do duplo elemento masculino e feminino da mesma alma.

Todas essas censuras postas de lado, provando simplesmente que Janmot não é um cérebro filosoficamente sólido, é preciso reconhecer que do ponto de vista da arte pura havia na composição dessas cenas, e até mesmo na cor amarga que as revestia, um charme infinito e difícil de descrever, algo das suavidades da solidão, da sacristia, da igreja e do claustro; uma misticidade inconsciente e infantil. Senti algo de análogo diante de alguns quadros de Lesueur e de algumas telas espanholas.

(Análise de alguns dos temas, em particular a *Má instrução*, o *Pesadelo*, onde brilhava uma extraordinária compreensão do fantástico. Uma espécie de passeio místico dos dois jovens sobre a montanha etc.)

Todo espírito profundamente sensível e bem-dotado

para as artes (não se deve confundir a sensibilidade da imaginação com a do coração) sentirá como eu que toda arte deve se bastar a si mesma e ao mesmo tempo permanecer nos limites providenciais; entretanto, o homem conserva esse privilégio de sempre poder desenvolver grandes talentos num gênero falso ou violando a constituição natural da arte.

Ainda que eu considere os artistas filósofos como heréticos, frequentemente cheguei a admirar seus esforços por um efeito de minha própria razão.

O que me parece sobretudo constatar seu caráter herético é sua inconsequência, pois eles desenham muito bem, muito espiritualmente e, se eles fossem lógicos em sua aplicação da arte assimilada a todo meio de ensinamento, deveriam corajosamente remontar rumo a todas as inumeráveis e bárbaras convenções da arte hierática.

A OBRA E A VIDA
DE EUGÈNE DELACROIX

Ao Redator de *L'Opinion Nationale*

Senhor,
Eu gostaria, uma vez mais, uma última vez, de prestar homenagem ao gênio de Eugène Delacroix, e lhe peço ter a amabilidade de acolher em seu jornal essas poucas páginas onde tentarei encerrar, tão breve quanto seja possível, a história de seu talento, a razão de sua superioridade, que ainda não é, na minha opinião, suficientemente reconhecida e, enfim, algumas anedotas e observações sobre sua vida e seu caráter.

Tive a felicidade de me ter ligado muito jovem (desde 1845, se não me falha a memória) ao ilustre defunto, e nessa ligação, na qual o respeito de minha parte e a indulgência da sua não excluíam a confiança e a familiaridade recíprocas, pude calmamente extrair as noções mais exatas, não apenas sobre seu método, mas também sobre as qualidades mais íntimas de sua grande alma.

Não espere, Senhor, que eu faça aqui uma análise detalhada das obras de Delacroix. Não só cada um de nós a fez, segundo suas forças e à medida que o grande pintor mostrava ao público os trabalhos sucessivos de seu pensamento, como o seu total é tão longo que, só ao conceder algumas linhas a cada uma de suas principais obras, semelhante análise encheria quase um volume. Que nos baste expor aqui um vivaz resumo.

Suas pinturas monumentais estão exibidas no *Salão do Rei* na Câmara dos Deputados, na biblioteca da Câmara dos Deputados, na biblioteca do Palácio do Luxemburgo, na galeria de Apolo no Louvre, e no Salão da Paz na Prefeitura. Essas decorações compreendem uma massa enorme de temas alegóricos, religiosos e históricos, todos pertencendo ao domínio mais nobre da inteligência. Quanto aos seus quadros ditos de cavalete, seus esboços, suas grisalhas,[1] suas aquarelas etc., o total se eleva a um número aproximado de duzentos e trinta e seis.

Os grandes temas expostos em diversos *Salões* são em número de setenta e sete. Extraio essas observações do catálogo que Théophile Silvestre dispôs ao final de sua excelente nota biográfica sobre Eugène Delacroix, em seu livro intitulado: *História dos pintores vivos*.

Tentei, eu mesmo, várias vezes, elaborar esse enorme catálogo; todavia, minha paciência foi quebrada por essa incrível fecundidade, e, cansado da luta, renunciei a isso. Se Théophile Silvestre se enganou, só pôde ter se enganado para menos.

Creio, senhor, que o importante aqui é simplesmente buscar a qualidade característica do gênio de Delacroix e tentar defini-la; buscar em que ele difere de seus mais ilustres predecessores, igualando-os ao mesmo tempo; mostrar enfim, tanto quanto a palavra escrita o permita, a arte mágica graças à qual ele pôde traduzir a *palavra* por imagens plásticas mais vivas e mais apropriadas do que as de algum criador de mesma profissão — em resumo, de que especialidade a Providência havia encarregado Eugène Delacroix no desenvolvimento histórico da Pintura.

---

[1]Do francês, *grisailles*, pinturas monocromáticas em diferentes tonalidades de cinza [N. do T.].

I

Quem é Delacroix? Quais foram seu papel e seu dever nesse mundo? Tal é a primeira questão a examinar. Serei breve e aspiro a conclusões imediatas. Flandres tem Rubens; a Itália tem Rafael e Veronese; a França tem Le Brun, David e Delacroix.

Um espírito artificial poderá se chocar, à primeira vista, pela reunião desses nomes, que representam qualidade e métodos tão diferentes. Todavia, um olhar espiritual mais atento logo verá que existe entre todos um parentesco comum, uma espécie de fraternidade ou de parentela que deriva de seu amor pelo grande, pelo nacional, pelo imenso e pelo universal, amor que sempre se exprimiu na pintura dita decorativa ou nas grandes *machines*.[2]

Muitos outros, sem dúvida, fizeram grandes *machines*; mas esses que citei fizeram-nas da maneira mais adequada a deixar um vestígio eterno na memória humana. Qual é o maior desses grandes homens tão diferentes? Cada um pode decidir sobre isso a seu gosto, conforme seu temperamento o leve a preferir a abundância prolífica, radiante, quase jovial, de Rubens, a doce majestade e a ordem eurrítmica de Rafael, a cor paradisíaca e quase vespertina de Veronese, a severidade austera e tensa de David, ou a facúndia dramática e quase literária de Le Brun.

Nenhum desses homens pode ser substituído; visando todos a semelhante objetivo, empregaram meios diferentes extraídos de sua natureza pessoal. Delacroix, o último a chegar, exprimiu, com uma veemência e um fervor admiráveis, o que os outros haviam traduzido apenas de uma maneira incompleta. Em detrimento de alguma outra coisa talvez, como eles próprios haviam

---

[2] Quadros pomposos [N. do T.].

feito, por sinal? É possível; mas essa não é a questão a ser examinada.

Muitos outros além de mim tiveram cuidado de insistir sobre as consequências fatais de um gênio essencialmente pessoal; e também seria bem possível, no fim de contas, que as mais belas expressões do gênio, em outros lugares que não o céu puro, quer dizer, sobre essa pobre terra onde a própria perfeição é imperfeita, só possam ser obtidas ao preço de um inevitável sacrifício.

Mas enfim, senhor, dirá sem dúvida, qual é, portanto, esse não sei quê de misterioso que Delacroix, para a glória de nosso século, traduziu melhor do que qualquer outro? É o invisível, é o impalpável, é o sonho, são os nervos, é a alma; e ele fez isso —, observe-o bem, senhor — sem outros meios além do contorno e da cor; ele o fez melhor do que ninguém; ele o fez com a perfeição de um pintor consumado, com o rigor de um literato sutil, com a eloquência de um músico apaixonado. É, de resto, um dos diagnósticos do estado espiritual de nosso século que as artes aspiram, senão a se suprir uma à outra, pelo menos a se dar reciprocamente novas forças.

Delacroix é o mais *sugestivo* de todos os pintores, aquele cujas obras, escolhidas mesmo entre os secundários e os inferiores, mais fazem pensar, e mais lembram à memória sentimentos e pensamentos poéticos já conhecidos, mas que se acreditava enterrados para sempre na noite do passado.

A obra de Delacroix parece-me às vezes como uma espécie de mnemotecnia da grandeza e da paixão nativa do homem universal. Esse mérito muito particular e bem novo de Delacroix que lhe permitiu exprimir, simplesmente com o contorno, o gesto do homem, por mais violento que seja, e com a cor o que se poderia denominar a atmosfera do drama humano, ou o estado da alma do criador — esse mérito bem original sempre reuniu em torno dele as simpatias de todos os poetas; e se, de uma pura manifestação material, fosse permitido extrair uma verificação filosófica, eu lhe pediria para observar, senhor, que, entre a multidão acorrida para lhe prestar as derradeiras homenagens, se podiam contar muito mais literatos do que pintores. Para dizer a verdade crua, esses últimos jamais o compreenderam perfeitamente.

II

E, apesar de tudo, o que há de surpreendente nisso? Não sabemos que a época dos Michelangelo, dos Rafael, dos Leonardo da Vinci, digamos até mesmo dos Reynold, passou há muito tempo, e que o nível intelectual geral dos artistas baixou singularmente? Seria injusto, sem dúvida, procurar entre os artistas do momento filósofos, poetas e cientistas; todavia, seria legítimo exigir deles que se interessem, um pouco mais do que fazem, à religião, à poesia e à ciência.

Fora de seus ateliês o que sabem? O que amam? O que exprimem? Ora, Eugène Delacroix era, ao mesmo tempo que um pintor apaixonado por seu ofício, um homem de educação geral, ao contrário dos outros artistas modernos que, em sua maioria, não passam de ilustres ou obscuros pinta-monos, tristes especialistas, velhos ou jovens; puros operários, uns sabendo fabricar figuras acadêmicas, outros, frutas, e, outros ainda, animais. Eugène Delacroix amava tudo, sabia pintar tudo, e sabia apreciar todos os gêneros de talentos. Era o espírito mais aberto a todas as noções e a todas as impressões, o fruidor mais eclético e mais imparcial.

Grande leitor, isso é evidente. A leitura dos poetas deixava nele imagens grandiosas e rapidamente definidas, quadros acabados, por assim dizer. Por mais diferente que seja de seu mestre Guérin pelo método e pela cor, herdou da grande escola republicana e imperial o amor pelos poetas e não sei qual espírito endiabrado de rivalidade com a palavra escrita. David, Guérin e Girodet inflamavam seu espírito em contato com Homero, Virgílio, Racine e Ossian. Delacroix foi o tradutor comovente de Shakespeare, Dante, Byron e Ariosto. Semelhança importante e diferença insignificante.

Mas avancemos um pouco mais, peço-lhe, ao que se poderia chamar o ensinamento do mestre, ensinamento que, para mim, resulta não só da contemplação sucessiva de todas as suas obras e da contemplação simultânea de algumas, conforme o senhor deve ter apreciado na Exposição Universal de 1855, mas também de muitas conversações que tive com ele.

III

Delacroix era ardorosamente amoroso da paixão, e friamente determinado a procurar os meios de exprimi-la da maneira mais visível.

Nesse duplo caráter, encontramos, digamo-lo de passagem, os dois traços que marcam os mais sólidos gênios, gênios extremos que não são absolutamente feitos para agradar as almas temerosas, fáceis de satisfazer, e que encontram um alimento suficiente nas obras apáticas, débeis, imperfeitas. Uma imensa paixão, acrescida de uma vontade formidável, tal era o homem.

Ora, ele dizia sem parar:

Visto que considero a impressão transmitida ao artista pela natureza como a coisa mais importante para traduzir, não será necessário que este esteja armado de antemão de todos os mais rápidos meios de tradução?

É evidente que aos seus olhos a imaginação era o dom mais precioso, a faculdade mais importante; todavia, essa faculdade permaneceria impotente e estéril, se não tivesse a seu serviço uma habilidade rápida, que pudesse acompanhar a grande faculdade despótica em seus caprichos impacientes. Ele não teria necessidade, com certeza, de ativar o fogo de sua imaginação, sempre incandescente; entretanto, sempre achava o dia muito curto para estudar os meios de expressão.

É a essa preocupação incessante que devem ser atribuídas suas pesquisas perpétuas relativas à cor, à qualidade das cores, sua curiosidade pelas coisas da química e suas conversações com os fabricantes de tintas. Nisso ele se aproxima de Leonardo da Vinci, que também foi invadido pelas mesmas obsessões.

Jamais Eugène Delacroix, apesar de sua admiração pelos fenômenos ardentes da vida, será confundido com essa turba de artistas e literatos vulgares cuja inteligência míope abriga-se atrás da palavra vaga e obscura de realismo. A primeira vez que vi Delacroix, em 1845, creio (como os anos transcorrem, rápido e vorazes!), conversamos muito sobre lugares-comuns, isto é, questões das mais vastas e, contudo, das mais simples: assim, da natureza, por exemplo. Aqui, senhor, pedir-lhe-ei permissão para citar a mim mesmo, pois uma paráfrase não valeria as palavras que outrora escrevi, quase sob ditado do mestre:

"A natureza outra coisa não é senão um dicionário, ele repetia com frequência. Para bem compreender a amplitude do sentido implicado nessa frase, deve-se imaginar os usos ordinários e numerosos do dicionário. Nele, procura-se o sentido das palavras, a geração das palavras, a etimologia das palavras, enfim, extraem-se dele todos os elementos que compõem uma frase ou uma narrativa; mas ninguém jamais considerou o dicionário como uma composição, no sentido poético da palavra. Os pintores que obedecem à imaginação procuram em seu dicionário os elementos que se acomodam à sua concepção; e ainda, ajustando-os com uma certa arte, dão-lhes uma fisionomia bem nova. Aqueles que não têm imaginação copiam o dicionário. Resulta disso um enorme vício, o vício da banalidade, que é mais particularmente próprio daqueles dentre os pintores cuja especialidade mais se aproxima da natureza dita inanimada, por exemplo os paisagistas, que consideram geralmente como um triunfo não mostrar sua personalidade. Por muito contemplar e copiar, eles esquecem de sentir e pensar.

"Para esse grande pintor, todas as partes da arte, da qual uma toma esta, e a outra toma aquela como a principal, não eram, não são, quero dizer, senão as muito humildes servas de uma faculdade única superior. Se uma execução muito clara é necessária, é para que o sonho seja claramente traduzido; que ela seja muito rápida, é para que nada se perca da impressão extraordinária que acompanhava a concepção; que a atenção do artista se dirija inclusive sobre o apuro material dos instrumentos, concebe-se isso sem dificuldade, pois todas as precauções devem ser tomadas para tornar a execução ágil e decisiva."

Para dizê-lo de passagem, nunca vi paleta tão minuciosa e delicadamente preparada quanto a de Delacroix. Assemelhava-se a um buquê de flores sabiamente combinadas.

"Num semelhante método, que é essencialmente lógico, todos os personagens, sua disposição relativa, a paisagem ou o interior que lhes serve de fundo ou de horizonte, suas vestes, tudo enfim deve servir para iluminar a ideia geral e trazer sua cor original, sua marca, por assim dizer. Do mesmo modo que um sonho é situado numa atmosfera colorida que lhe é própria, assim também uma concepção, tornada composição, necessita mover-se num meio colorido que lhe seja particular. Há evidentemente um tom particular atribuído a uma parte qualquer do quadro que se torna chave e que governa as outras. Todo mundo sabe que o amarelo, o alaranjado, o vermelho, inspiram e representam ideias de alegria, de riqueza, de glória e de amor; todavia, há milhares de atmosferas amarelas ou vermelhas, e todas as outras cores serão afetadas logicamente numa quantidade proporcional pela atmosfera dominante. A arte do colorista depende, sob certos aspectos, da matemática e da música.

"Entretanto, suas operações mais delicadas se fazem por um sentimento ao qual um longo exercício deu uma segurança inqualificável. Vê-se que essa grande lei de harmonia geral condena muitos ofuscamentos e muitas cruezas, mesmo entre os pintores mais ilustres. Há quadros de Rubens que não só fazem pensar num fogo de artifício colorido, mas até mesmo em vários fogos de artifícios lançados do mesmo lugar. Quanto maior é um quadro, mais larga deve ser a pincelada, isso é óbvio; mas é bom que as pinceladas não sejam materialmente fundidas; elas se fundem naturalmente a uma distância desejada pela lei simpática que as associou. A cor obtém, assim, mais energia e frescor.

"Um bom quadro, fiel e igual ao sonho que o criou, deve ser produzido como um mundo. Da mesma forma, a criação tal como a vemos é o resultado de várias criações das quais as precedentes são sempre completadas pela seguinte. Assim também um quadro, conduzido harmonicamente, consiste numa série de quadros superpostos, cada nova camada dando ao sonho mais realidade e fazendo-o subir um grau rumo à perfeição. Bem ao contrário, lembro-me de ter visto nos ateliês de Paul Delaroche e de Horace Vernet vastos quadros, não esboçados, mas começados, isto é, absolutamente terminados em certas partes, enquanto algumas outras estavam apenas indicadas por um contorno negro ou branco. Poder-se-ia comparar esse gênero de obra com um trabalho puramente manual que deve cobrir uma certa quantidade de espaço num tempo determinado, ou com uma longa estrada dividida num grande número de etapas. Quando uma etapa é concluída, ela não é retomada; e quando toda a estrada é percorrida, o artista é liberado de seu quadro.

"Todos esses preceitos são evidentemente modificados mais ou menos pelo temperamento variado dos artistas. Entretanto, estou convencido de que esse é o método mais seguro para as imaginações férteis. Em consequência, enormes desvios feitos fora do método em questão testemunham uma importância anormal e injusta dada a alguma parte secundária da arte.

"Não temo que se diga que é absurdo supor um mesmo método aplicado por uma multidão de indivíduos diferentes. Pois é evidente que as retóricas e as prosódias não são tiranias inventadas arbitrariamente, mas uma coleção de regras exigidas pela própria organização do ser espiritual; e nunca as prosódias e as retóricas impediram a originalidade de se produzir distintamente. O contrário, ou seja, que elas ajudaram a eclosão da originalidade, seria infinitamente mais verdadeiro.

"Para ser breve, sou obrigado a omitir uma grande quantidade de corolários resultantes da fórmula principal, onde está contido, por assim dizer, todo o formulário da verdadeira estética, e que pode ser assim expresso: todo o universo não é senão um depósito de imagens e sinais aos quais a imaginação dará um lugar e um valor relativo; é uma espécie de alimento que a imaginação deve digerir e transformar. Todas as faculdades da alma humana devem estar subordinadas à imaginação que as requisita todas ao mesmo tempo. Assim como conhecer bem o dicionário não implica necessariamente o conhecimento da arte da composição, e que a arte da composição não implica a imaginação universal, do mesmo modo, um bom pintor pode não ser um grande pintor; mas um grande pintor é forçosamente um bom pintor, porque a imaginação universal contém a compreensão de todos os meios e o desejo de adquiri-los.

"É evidente que, de acordo com as noções que acabo de elucidar, bem ou mal (haveria tantas coisas a dizer ainda, em particular acerca das partes concordantes de todas as artes e as semelhanças em seus métodos!), a imensa classe dos artistas, isto é, dos homens que se dedicam à expressão do belo, pode dividir-se em dois campos bem distintos. Aquele que chama a si mesmo realista, palavra ambígua e cujo sentido não é bem determinado, e que denominaremos, para melhor caracterizar seu erro, um positivista diz: 'Quero representar as coisas tais como elas são, ou tais como seriam, supondo que eu não exista'. O universo sem o homem. E aquele, o imaginativo, diz: 'Quero iluminar as coisas com meu espírito e projetar seu reflexo sobre os outros espíritos'. Ainda que esses dois métodos absolutamente contrários possam ampliar ou reduzir todos os temas, desde a cena religiosa até a mais modesta paisagem, todavia, o homem de imaginação teve que, de um modo geral, se produzir na pintura religiosa e na fantasia, enquanto a pintura dita de gênero e a paisagem deveriam oferecer em aparência várias fontes aos espíritos preguiçosos e dificilmente excitáveis...

"A imaginação de Delacroix! Essa nunca temeu escalar as alturas difíceis da religião; o céu lhe pertence, como o inferno, como a guerra, como o Olimpo, como a volúpia. Eis o tipo do pintor-poeta! Ele é um dos raros eleitos, e a amplitude de seu espírito compreende a religião em seu domínio. Sua imaginação, ardente como as câmaras-ardentes, brilha com todas as chamas e com todas as púrpuras. Tudo o que há de dor na paixão, o apaixona; tudo o que há de esplendor na Igreja o ilumina. Verte sucessivamente sobre suas telas inspiradas o sangue, a luz e as trevas. Creio que ele ajuntaria de bom grado, como acréscimo, seu fausto natural às majestades do Evangelho.

"Vi uma pequena *Anunciação*, de Delacroix, em que o anjo visitando Maria não estava só, mas conduzido em cerimônia por dois outros anjos, e o efeito dessa corte celeste era poderoso e encantador. Um de seus quadros de juventude, o *Cristo no Monte das Oliveiras* ('Senhor, afasta de mim esse cálice'), extravasa de ternura feminina e de unção poética. A dor e a pompa, que eclodem tão alto na religião, ecoam sempre em seu espírito."

E ainda mais recentemente, a propósito dessa Capela dos Santos Anjos, em São Sulpício (*Heliodoro expulso do templo* e *A luta de Jacob com o anjo*), seu último grande trabalho, tão estupidamente criticado, eu dizia:

"Nunca, mesmo em *A clemência de Trajano*, mesmo em *A entrada dos cruzados em Costantinopla*, Delacroix exibiu um colorido mais esplêndido e sabiamente sobrenatural; nunca expôs um desenho mais voluntariamente épico. Eu sei que algumas pessoas, pedreiros sem dúvida, talvez arquitetos, pronunciaram, acerca dessa última obra, a palavra decadência. Cabe aqui lembrar que os grandes mestres, poetas ou pintores, Hugo ou Delacroix, estão sempre vários anos à frente de seus tímidos admiradores.

"O público é, em relação ao gênio, um relógio que atrasa. Quem, entre as pessoas clarividentes, não compreende que o primeiro quadro do mestre continha todos os outros em germe? Mas que ele aperfeiçoe incessantemente seus dons naturais, que os torne mais vivos com zelo, que extraia deles novos efeitos, que ele próprio leve sua natureza à desmedida, isso é inevitável, fatal e louvável. O que é justamente a marca principal do gênio de Delacroix é que ele não conhece a decadência; só mostra progresso. Apenas, suas qualidades primitivas eram tão veementes e tão ricas, e impressionaram com tanto vigor os espíritos, mesmo os mais vulgares, que o progresso cotidiano é para eles insensível; só os raciocinadores o percebem claramente.

"Eu falava ainda há pouco sobre os pedreiros. Quero caracterizar por essa palavra essa classe de espíritos grosseiros e materiais (o número deles é infinitamente grande), que não apreciam os objetos senão pelo contorno, ou, ainda pior, por suas três dimensões: largura, comprimento e profundidade, exatamente como os selvagens e os camponeses. Com frequência, ouvi pessoas dessa espécie estabelecerem uma hierarquia das qualidades, absolutamente ininteligível para mim; afirmar, por exemplo, que a faculdade que permite a este criar um contorno exato, ou àquele, um contorno de uma beleza sobrenatural, é superior à faculdade que sabe associar cores de uma maneira encantadora. Segundo essas pessoas, a cor não sonha, não pensa, não fala. Pareceria que, quando contemplo as obras de um desses homens denominados especialmente coloristas, me entrego a um prazer que não é de uma natureza nobre; de bom grado me chamariam de materialista, reservando para eles mesmo o aristocrático epíteto de espiritualistas.

"Esses espíritos superficiais não imaginam que as duas faculdades nunca podem estar totalmente separadas, e que todas as duas são o resultado de um germe primitivo cuidadosamente cultivado. A natureza exterior fornece ao artista só uma oportunidade incessantemente renascente de cultivar esse germe; ela é apenas um amontoado incoerente de materiais que o artista é convidado a associar e ordenar, um *incitamentum*, um despertar para as faculdades sonolentas. Para falar de modo preciso, não existem na natureza nem linha nem cor. É o homem que cria a linha e a cor. São duas abstrações que extraem sua igual nobreza de uma mesma origem.

"Um desenhista nato (supondo-o criança) observa na natureza imóvel ou movente certas sinuosidades, de onde extrai uma certa volúpia, e que ele se diverte em fixar por linhas sobre o papel, exagerando ou diminuindo ao bel-prazer suas inflexões. Aprende assim a criar o garbo, a elegância, o caráter no desenho. Suponhamos uma criança destinada a aperfeiçoar a parte da arte que se chama cor: é do choque ou da feliz associação de dois tons e do prazer que disso lhe resulta que extrairá o conhecimento infinito das combinações de tons. A natureza foi, nos dois casos, uma pura excitação.

"A linha e a cor fazem pensar e sonhar, todas as duas; os prazeres que delas derivam são de natureza diversa, mas perfeitamente igual e absolutamente independente do tema do quadro.

"Um quadro de Delacroix, colocado a uma grande

distância para que você possa julgar acerca da graça dos contornos ou da qualidade mais ou menos dramática do tema, já o penetra de uma volúpia sobrenatural. Parece-lhe que uma atmosfera mágica caminhou em sua direção e os encobre. Sombria, contudo deliciosa, luminosa, mas tranquila, essa impressão, que ocupa para sempre seu lugar em sua memória, prova o verdadeiro, o perfeito colorista. E a análise do tema, quando você se aproxima, não retirará nada e não acrescentará nada a esse prazer primitivo, cuja fonte se encontra alhures e longe de todo pensamento concreto.

"Posso inverter o exemplo. Uma figura bem desenhada penetra-o de um prazer completamente estranho ao tema. Voluptuosa ou terrível, essa figura só deve seu charme ao arabesco que ela recorta no espaço. Os membros de um mártir que se escorcha, o corpo de uma ninfa desfalecida, se eles são sabiamente desenhados, comportam um tipo de prazer em cujos elementos o tema não entra absolutamente; se para você é de outro modo, serei forçado a acreditar que você é um carrasco ou um libertino.

"Mas, lamentavelmente, para que, para que repetir sempre essas inúteis verdades?"

Mas talvez, senhor, seus leitores apreciarão muito menos esta retórica do que os detalhes que estou impaciente por lhes dar sobre a pessoa e sobre os costumes de nosso saudoso grande poeta.

IV

É sobretudo nos escritos de Delacroix que aparece essa dualidade de natureza da qual falei. Muitas pessoas, o senhor sabe, surpreendiam-se com a sabedoria de suas opiniões escritas e com a moderação de seu estilo, umas lamentando, outras aprovando. As *Variações do belo*, os estudos sobre Poussin, Prud'hon, Charlet, e os outros fragmentos publicados seja em *L'artiste*, cujo proprietário era, então, Ricourt, seja em *La revue dês deux mondes*, apenas confirmam esse duplo caráter dos grandes artistas, que os impele, como críticos, a louvar e a analisar mais voluptuosamente as qualidades de que mais necessitam, enquanto criadores, e que fazem antítese àquelas que possuem com superabundância. Se Delacroix tivesse louvado, preconizado o que admiramos principalmente nele, a violência, a brusquidão no gesto, a turbulência da composição, a magia da cor, na verdade, teria sido o caso de se surpreender. Por que procurar o que se possui em quantidade quase supérflua, e como não exaltar o que nos parece mais raro e mais difícil de adquirir? Sempre veremos, senhor, o mesmo fenômeno se produzir entre os criadores de gênio, pintores ou literatos, todas as vezes que aplicarem suas faculdades à crítica. Na época da grande luta das duas escolas, a clássica e a romântica, os espíritos simples ficavam pasmos ao ouvir Delacroix exaltar incessantemente Racine, La Fontaine e Boileau. Conheço um poeta, de uma natureza sempre tempestuosa e vibrante, que um verso de Malherbe, simétrico e quadrado de melodia, lança em longos êxtases.

Por sinal, por mais sábios, por mais sensatos e por mais isentos de torneio e de intenção que nos pareçam os fragmentos literários do grande pintor, seria absurdo crer que eles foram escritos facilmente e com a certeza de expressão de seu pincel. Tanto estava seguro de escrever o que ele pensava sobre uma tela quanto estava preocupado por não poder *pintar* seu pensamento sobre o papel. "A pena" — dizia com frequência — "não é meu *instrumento*; sinto que penso correto, mas a necessidade da ordem, à qual sou obrigado a obedecer, me apavora. Você acreditaria que a necessidade de escrever uma página me dá enxaqueca?" É por essa dificuldade, resultado da falta de hábito, que podem ser explicadas certas locuções um pouco gastas, um pouco *banais, império* mesmo, que escapam muito amiúde dessa pena naturalmente distinta.

O que marca mais visivelmente o estilo de Delacroix é a concisão e uma espécie de intensidade sem ostentação, resultado habitual da concentração de todas as forças espirituais para um determinado ponto. *"The hero is he who is immovably centred"*, diz o moralista de ultramar Emerson", que, ainda que ele passe por chefe da enfadonha escola bostoniana, não deixa de ter uma certa sutiliza à Sêneca, própria para alfinetar a meditação. *"O herói é aquele que está imutavelmente concentrado"*. A máxima que o chefe do *transcendentalismo* americano aplica à conduta da vida e ao domínio dos negócios pode igualmente se aplicar ao domínio da poesia e da arte. Poder-se-ia dizer da mesma forma: "O herói literário, isto é, o verdadeiro escritor, é aquele que está imutavelmente concentrado". Não lhe parecerá, portanto, surpreendente, senhor, que Delacroix tivesse uma simpatia muito pronunciada pelos escritores concisos e concentrados, aqueles cuja prosa pouco carregada de floreios parece imitar os movimentos rápidos do pensamento, e cuja frase assemelha-se a um gesto, Montesquieu, por exemplo. Posso fornecer-lhe um curioso exemplo dessa brevidade fecunda e poética. O senhor leu como eu, sem dúvida, nesses últimos dias, em *La Presse*, um muito curioso e belo estudo de Paul de Saint-Victor acerca do teto da galeria de Apolo. As diversas concepções do dilúvio, a maneira como as lendas relativas ao dilúvio devem ser interpretadas, o senso moral dos episódios e das ações que compõem o conjunto desse maravilhoso quadro, nada é esquecido; e o próprio quadro é minuciosamente descrito com esse estilo encantador, tão espiritual quanto expressivo, do qual o autor nos mostrou tantos exemplos. Entretanto, o conjunto deixará na lembrança apenas um espectro difuso, algo como a luz muito vaga de uma amplificação. Compare esse vasto trecho com as poucas linhas seguintes, bem mais enérgicas, na minha opinião, e bem mais aptas a fazer quadro, supondo inclusive que o quadro que elas resumem não exista. Transcrevo simplesmente o programa distribuído por Delacroix a seus amigos, quando os convidou a visitar a obra em questão:

APOLO VENCEDOR DA SERPENTE PÍTON.

"O deus, montado em seu carro, já lançou uma parte de suas setas; Diana, sua irmã, voando logo atrás dele, apresenta-lhe sua aljava. Já perfurado pelas flechas do deus do calor e da vida, o monstro sangrando se retorce exalando num vapor inflamado os restos de sua vida e de sua raiva impotente. As águas do dilúvio começam a exaurir, e depositam sobre os cimos das montanhas ou arrastam com elas os cadáveres dos homens e dos animais. Os deuses se indignaram de ver a terra abandonada a monstros disformes, produtos impuros do limo. Eles se armaram como Apolo, Minerva e Mercúrio, lançam-se para exterminá-los aguardando que a Sabedoria eterna repovoe a solidão do universo. Hércules os esmaga com sua maça; Vulcano, o deus do fogo, expulsa diante dele a noite e os vapores impuros, enquanto Bóreas e os Zéfiros secam as águas com seu sopro e acabam de dissipar as nuvens. As Ninfas dos rios e das ribeiras reencontraram seu leito de bambus e sua ânfora ainda suja pelo lodo e pelos resíduos. Divindades mais tímidas contemplam à distância esse combate dos deuses e dos elementos. Entretanto, do alto dos céus a Vitória desce para coroar Apolo vencedor, e Íris, a mensageira dos deuses, desfralda no ar sua echarpe, símbolo do triunfo da luz sobre as trevas e sobre a revolta das águas."

Eu sei que o leitor será obrigado a adivinhar muito, a colaborar, por assim dizer, com o redator do artigo; mas o senhor realmente acredita que a admiração pelo pintor me torne visionário nesse caso, e que eu me engane absolutamente ao pretender descobrir aqui o vestígio dos hábitos aristocráticos adquiridos nas boas leituras e dessa retidão de pensamento que permitiu a homens do mundo, a militares, a aventureiros, ou mesmo a simples cortesãos, escrever, algumas vezes de modo desordenado, belos livros que nós, pessoas do ofício, somos obrigados a admirar?

V

Eugène Delacroix era uma curiosa mistura de ceticismo, polidez, dandismo, vontade ardente, astúcia, despotismo e, enfim, uma espécie de bondade particular e de ternura moderada que acompanha sempre o gênio. Seu pai pertencia a essa raça de homens fortes dos quais conhecemos os últimos em nossa infância; uns, fervorosos apóstolos de Jean-Jacques, outros, discípulos determinados de Voltaire, que, colaboraram, todos, com igual obstinação, para a Revolução Francesa, e cujos sobreviventes, jacobinos ou *cordeliers*, aderiram, com uma perfeita boa-fé (é importante ressaltar), às intenções de Bonaparte.

Eugène Delacroix sempre conservou os traços dessa origem revolucionária. Pode-se dizer dele, assim como de Stendhal, que tinha grande pavor de ser enganado. Cético e aristocrata, só conhecia a paixão e o sobrenatural por sua convivência forçada com o sonho. Odiava as multidões, considerava-as apenas como destruidoras de imagens, e as violências cometidas em 1848 contra algumas de suas obras não eram feitas para convertê-lo ao sentimentalismo político de nosso tempo. Havia nele, inclusive, como estilo, maneiras e opiniões, alguma coisa de Victor Jacquemont. Sei que a comparação é um pouco injuriosa; por isso, desejo que ela seja entendida apenas com uma extrema moderação. Há em Jacquemont o belo espírito burguês revoltado e uma zombaria tão inclinada a mistificar os ministros de Brahma quanto aqueles de Jesus Cristo. Delacroix, advertido pelo gosto sempre inerente ao gênio, não podia jamais cair nessas vilanias. Minha comparação, portanto, só diz respeito ao espírito de prudência e à sobriedade com que todos os dois são marcados. Da mesma forma, os sinais hereditários que o século XVIII havia deixado sobre sua natureza pareciam emprestados sobretudo dessa classe tão afastada dos utopistas quanto dos furibundos, da classe dos céticos polidos, os vencedores e os sobreviventes, que, geralmente, dependiam mais de Voltaire do que de Jean-Jacques. Por isso, ao primeiro olhar, Eugène Delacroix aparecia simplesmente como um homem *esclarecido*, no sentido honorável do termo, como um perfeito *gentleman* sem preconceitos e sem paixões. Era apenas por um convívio mais assíduo que se podia penetrar sob o verniz e adivinhar as partes ocultas de sua alma. Um homem a quem se poderia mais legitimamente compará-lo, pela aparência exterior e pelas maneiras, seria Mérimée. Era a mesma frieza aparente, ligeiramente afetada, a mesma capa de gelo recobrindo uma pudica sensibilidade e uma ardente paixão pelo bem e pelo belo; era, sob a mesma hipocrisia de egoísmo, o mesmo devotamento aos amigos secretos e às ideias de predileção.

Havia em Eugène Delacroix muito do *selvagem*; esta era a mais preciosa parte de sua alma, a parte consagrada integralmente à pintura de seus sonhos e ao culto de sua arte. Havia nele muito do homem do mundo; esta parte era destinada a ocultar a primeira e a fazer desculpá-la. Foi, creio, uma das grandes preocupações de sua vida, dissimular as cóleras de seu coração e não parecer um homem de gênio. Seu espírito de dominação, espírito bem legítimo, fatal por sinal, havia quase inteiramente desaparecido sob mil gentilezas. Dir-se-ia uma cratera de vulcão artisticamente ocultada por buquês de flores.

Um outro traço de semelhança com Stendhal era sua propensão às fórmulas simples, às máximas breves, pela boa conduta da vida. Como todas as pessoas tanto mais apaixonadas por método quanto seu temperamento ardente e sensível parece desviá-las mais disso, Delacroix gostava de criar esses pequenos catecismos de moral prática que os estouvados e os ociosos que nada praticam atribuiriam desdenhosamente a De la Palisse mas que o gênio não despreza, porque ele está aparentado com a simplicidade; máximas sãs, fortes, simples e duras, que servem de couraça e de escudo àquele que a fatalidade de seu gênio lança numa batalha perpétua.

Preciso dizer-lhe que o mesmo espírito de sabedoria firme e desprezível inspirava as opiniões de Delacroix em matéria de política? Ele acreditava que nada muda, ainda que tudo pareça mudar, e que certas épocas climatéricas, na história dos povos, trazem de volta invariavelmente fenômenos análogos. Em suma, seu pensamento, nesses tipos de coisas, aproximava-se muito, sobretudo por seus aspectos de fria e desoladora resignação, do pensamento de um historiador do qual faço, de minha parte, um caso bem particular, e que o senhor mesmo, tão perfeitamente habituado a essas teses, e que sabe estimar o talento, mesmo quando ele o contradiz, o senhor foi, estou certo disso, obrigado a admirar várias vezes. Quero falar de Ferrari, o sutil e sábio autor da *História da razão de Estado*. Por isso, o loquaz que, diante de Delacroix, se entregava aos entusiasmos infantis das utopias, deveria, em breve, sofrer o efeito de seu riso amargo, impregnado de uma piedade sarcástica; e se, imprudentemente, lançassem diante dele a grande quimera dos tempos modernos, o balão-monstro da perfectibilidade e do progresso indefinidos, de bom grado ele lhe perguntaria: "onde estão, portanto, seus Fídias? Onde estão seus Rafael?"

Acredite, entretanto, que esse duro bom-senso não retirava nenhuma graça de Delacroix. Essa verve de incredulidade e essa recusa de ser enganado temperavam, como um sal byroniano, sua conversação tão poética e tão expressiva. Ele também extraía de si mesmo, muito mais do que as emprestava de sua longa convivência com o mundo — de si mesmo, isto é, de seu gênio e da consciência de seu gênio —, uma certeza, uma facilidade de maneiras maravilhosa, com uma polidez que admitia, como um prisma, todas as nuanças, desde a bonomia mais cordial até a impertinência mais irrepreensível. Ele possuía vinte maneiras diferentes de pronunciar *"meu caro senhor"*, que representavam, para um ouvido experimentado, uma curiosa gama de sentimentos. Pois enfim, devo dizê-lo, posto que vejo nisso um novo motivo de elogio, E. Delacroix, ainda que fosse um homem de gênio, ou porque era um homem de gênio completo, participava muito da natureza do dândi. Ele próprio confessava que em sua juventude se entregara com prazer às vaidades mais materiais do dandismo, e contava rindo, mas não sem uma certa gloríola, que tinha, com concurso de seu amigo Bonington, trabalhado muito para introduzir entre a juventude elegante o gosto pelo corte inglês no calçar e no vestir. Esse detalhe, presumo, não lhe parecerá inútil, pois não há recordação supérflua quando se deve retratar a natureza de certos homens.

Eu lhe disse que era sobretudo a parte natural da alma de Delacroix que, apesar do véu atenuante de uma civilização refinada, impressionava o observador atento. Tudo nele era energia, mas energia derivando dos nervos e da vontade, pois, fisicamente, ele era fraco e delicado. O tigre, atento à sua presa, tem menos brilho nos olhos e estremecimentos impacientes nos músculos do que deixava ver nosso grande pintor, quando toda sua alma estava lançada sobre uma ideia ou queria se apoderar de um sonho. O próprio caráter físico de sua fisionomia, sua tez de peruano ou malaio, seus olhos grandes e negros, mas diminuídos pelos pestanejos da atenção, e que pareciam degustar a luz, seus cabelos abundantes e brilhosos, sua fronte obstinada, seus lábios cerrados, aos quais uma tensão perpétua de vontade comunicava uma expressão cruel, toda sua pessoa, enfim, sugeria a ideia de uma origem exótica. Aconteceu-me várias vezes, ao observá-lo, imaginar os antigos soberanos do México, esse Montezuma cuja mão hábil nos sacrifícios podia imolar em um único dia três mil criaturas humanas sobre o altar piramidal do Sol, ou então algum desses príncipes hindus que, nos esplendores das mais gloriosas festas, trazem no fundo de seus olhos um tipo de avidez insatisfeita e uma nostalgia inexplicável, alguma coisa como a lembrança e o pesar das coisas não conhecidas. Observe, peço-lhe, que a cor geral dos quadros de Delacroix também participa da cor própria das paisagens e dos interiores orientais, e que ela produz uma impressão análoga àquela ressentida nesses países intertropicais onde uma imensa difusão de luz cria para um olhar sensível, apesar da intensidade dos tons locais, um resultado geral quase crepuscular. A moralidade de suas obras, se, contudo, é permitido falar da moral em pintura, também apresenta um caráter molochista[3] visível. Tudo, em sua obra, é desolação, massacres, incêndios; tudo testemunha contra a eterna e incorrigível barbárie do homem. As cidades incendiadas e fumegantes, as vítimas degoladas, as mulheres estupradas, as próprias crianças lançadas sob as patas dos cavalos ou sob o punhal das mães delirantes; toda essa obra, eu dizia, assemelha-se a um hino terrível composto em honra da fatalidade e da irremediável dor. Ele pôde, algumas vezes, pois não lhe faltava certamente ternura, consagrar seu pincel à expressão de sentimentos ternos e voluptuosos; mas ainda aí a incurável amargura estava disseminada em forte dose, e a despreocupação e a alegria (que são as companheiras habituais da volúpia ingênua) encontravam-se ausentes. Uma única vez, creio, ele fez uma tentativa no cômico e no bufão, e, como se tivesse adivinhado que isso estava além e abaixo de sua natureza, não mais retornou a esse gênero.

VI

Conheço várias pessoas que têm o direito de dizer: "*Odi profanum vulgus*"; mas qual delas pode acrescentar

---

[3] Relativo a Moloch, deus cruel dos amonitas, ao qual eram imolados seres humanos [N. do T.].

vitoriosamente: *"et arceo"*? O aperto de mão muito frequente avilta o caráter. Se algum dia um homem teve uma torre de marfim bem defendida pelas grades e fechaduras, esse homem foi Eugène Delacroix. Quem mais amou sua *torre de marfim*, quer dizer, o segredo? Ele a teria, creio, armado de bom grado de canhões e a teria transportado para uma floresta ou para um rochedo inacessível. Quem mais amou seu *home*, santuário e toca? Assim como outros buscam o segredo para a orgia, ele busca o segredo para a inspiração, e para isso entregava-se a verdadeiros festins de trabalho. *"The one prudence in life is concentration; the one evil is dissipation"*, diz o filósofo americano que já citei.

Delacroix teria podido escrever essa máxima; todavia, é verdade, ele a praticou austeramente. Era demasiado *homem do mundo* para não desprezar o mundo; e os esforços que despendia nisso, para não ser muito visivelmente *ele próprio*, levavam-no de forma natural a preferir nossa sociedade. Nossa não quer somente implicar o humilde autor que escreve essas linhas, mas também alguns outros, jovens ou velhos, jornalistas, poetas, músicos, junto aos quais ele podia livremente relaxar e entregar-se.

Em seu delicioso estudo sobre Chopin, Liszt coloca Delacroix entre os mais assíduos visitantes do músico-poeta, e diz que ele adorava cair em profundo devaneio, aos sons dessa música suave e apaixonada que se assemelha a um brilhante pássaro esvoaçando sobre os horrores de um abismo.

Foi assim que, graças à sinceridade de nossa admiração, pudemos, ainda que muito jovem então, penetrar nesse ateliê tão bem protegido, onde reinava, a despeito de nosso rigoroso clima, uma temperatura equatorial, e onde o olhar era de antemão surpreendido por uma solenidade sóbria e pela austeridade particular da velha escola, tais como, em nossa infância, tínhamos visto os ateliês dos antigos rivais de David, heróis comoventes há muito desaparecidos. Bem se percebia que esse refúgio não podia ser habitado por um espírito frívolo, titilado por mil caprichos incoerentes.

Em seu ateliê, nada de panóplias enferrujadas, nada de crises malaios, nada de velhas ferragens góticas, nada de bijuteria, nada de trastes, nada de bricabraque, nada do que acuse no proprietário o gosto pelo passatempo e pela vagabundagem rapsódica de um devaneio infantil. Um maravilhoso retrato por Jordaens, que ele havia descoberto não sei onde, alguns estudos e cópias feitos pelo próprio mestre, bastavam à decoração desse vasto ateliê, do qual uma luz tênue e suave clareava o recolhimento.

Ver-se-ão provavelmente essas cópias durante a venda dos desenhos e quadros de Delacroix que está marcada, segundo me disseram, para o mês de janeiro próximo. Ele tinha duas maneiras muito distintas de copiar. Uma, livre e ampla, feita metade de fidelidade, metade de traição, e onde colocava muito de si mesmo. Desse método resultava um composto híbrido e encantador, lançando o espírito numa incerteza agradável. É sob esse aspecto paradoxal que se apresentou a mim uma grande cópia dos *Milagres de São Bento*, de Rubens. Na outra maneira, Delacroix se torna o escravo mais obediente e mais humilde de seu modelo, e chegava a uma exatidão de imitação da qual podem duvidar aqueles que não viram esses milagres. Tais são, por exemplo, aquelas feitas a partir de duas cabeças de Rafael que estão no Louvre, e onde a expressão, o estilo e a maneira são imitados com tão perfeita singeleza, que se poderia alternativa e reciprocamente tomar os originais pelas imitações.

Após um almoço mais leve do que o de um árabe, e sua paleta minuciosamente composta com o esmero de uma ramalheteira ou de um comerciante de tecidos, Delacroix procurava abordar a ideia interrompida; mas, antes de se lançar em seu trabalho tempestuoso, experimentava amiúde esses langores, esses medos, esses enervamentos que fazem pensar na pitonisa fugindo do deus, ou que lembram Jean-Jacques Rousseau entretendo-se, remexendo em papelada e mudando seus livros durante uma hora antes de atacar o papel com a pena. Todavia, uma vez operada a fascinação do artista, só interrompia seu trabalho vencido pela fadiga física.

Um dia, como conversávamos sobre essa questão sempre tão interessante para os artistas e os escritores, ou seja, sobre a higiene do trabalho e sobre a conduta da vida, ele me disse:

"Outrora, em minha juventude, eu não podia me pôr ao trabalho senão quando tinha a promessa de um prazer para a noite: música, baile, ou qualquer outra diversão. Hoje, contudo, já não me pareço mais com os estudantes, posso trabalhar sem cessar e sem nenhuma esperança de recompensa. E ainda, continuava, se você soubesse como um trabalho assíduo torna indulgente e pouco difícil em matéria de prazeres! O homem que ocupou bem o seu dia estará disposto a encontrar espírito suficiente no mensageiro da esquina e a jogar cartas com ele."

Essas palavras me faziam pensar em Maquiavel jogando dados com os camponeses. Ora, um dia, um domingo, avistei Delacroix no Louvre, em companhia de sua velha criada, aquela que tão devotamente cuidou dele e o serviu durante trinta anos, e ele, o elegante, o refinado, o erudito, não desdenhava mostrar e explicar os mistérios da escultura assíria a essa excelente mulher, que o escutava, por sinal, com uma sincera atenção. A lembrança de Maquiavel e de nossa antiga conversação penetrou imediatamente em meu espírito.

A verdade é que, nos últimos anos de sua vida, tudo o que se chama prazer havia desaparecido dele, tendo um único, severo, exigente, terrível, substituído todos, o trabalho, que então não era apenas uma paixão, mas teria podido se chamar um furor.

Delacroix, após ter consagrado as horas do dia a pintar, seja em seu ateliê, seja sobre os andaimes onde o chamavam seus grandes trabalhos decorativos, ainda encontrava forças em seu amor pela arte, e teria julgado esse dia mal preenchido se as horas da noite não tivessem sido empregadas perto da lareira, na claridade da lâmpada, a desenhar, a cobrir o papel de sonhos, projetos, figuras entrevistas nos acasos da vida, algumas vezes a copiar desenhos de outros artistas cujo temperamento era o mais afastado do seu; pois tinha paixão pelas anotações, pelos croquis, e entregava-se a isso em qualquer lugar que fosse. Durante bastante tempo teve por hábito desenhar nas casas dos amigos, junto aos quais ia passar suas noites. É assim que Villot possui uma quantidade considerável de excelentes desenhos dessa pena fecunda.

Uma vez, disse a um jovem conhecido meu: "Se você não é bastante hábil para fazer o croquis de um homem que se atira pela janela, durante o tempo que ele leva para cair do quarto andar ao solo, você nunca poderá produzir grandes quadros". Vejo nessa enorme hipérbole a preocupação de toda a sua vida, que era, conforme se sabe, executar bastante rápido e com bastante certeza para nada deixar se evaporar da intensidade da ação ou da ideia.

Delacroix era, como muitos outros puderam observá-lo, um homem de conversação. Mas o engraçado é que tinha medo da conversação como de uma orgia, de uma dissipação, onde corria o risco de perder suas forças. Quando se entrava em sua casa, ele logo dizia:

"Não conversaremos esta manhã, não é mesmo? Ou muito pouco, muito pouco."

Em seguida, falava durante três horas. Sua conversa era brilhante, sutil, mas repleta de fatos, lembranças e anedotas; em suma, uma palavra nutriente.

Quando estava excitado pela contradição, recolhia-se momentaneamente e, em vez de se lançar sobre seu adversário de frente, o que tem o perigo de introduzir as brutalidades da tribuna nas escaramuças de salão, jogava durante algum tempo com seu adversário, em seguida voltava ao ataque com argumentos ou fatos imprevistos. Tratava-se da conversação de um homem apaixonado por lutas, mas escravo da cortesia, astuta, intencionalmente flexível, repleta de fugas e de ataques repentinos.

Na intimidade do ateliê, entregava-se de bom grado até a emitir sua opinião acerca dos pintores, seus contemporâneos, e era nessas ocasiões que podíamos admirar, com frequência, essa indulgência do gênio que deriva talvez de um tipo particular de ingenuidade ou de facilidade ao gozo.

Ele tinha fraquezas surpreendentes por Decamps, hoje bem reduzidas, mas que sem dúvida ainda reinavam em seu espírito pela força da lembrança. O mesmo em relação a Charlet. Fez-me ir uma vez à sua casa de propósito para me admoestar, de modo veemente, em consequência de um artigo irrespeitoso que eu escrevera contra essa criança mimada do chauvinismo. Tentei em vão explicar-lhe que não era o Charlet dos primeiros momentos que eu censurava, mas o Charlet da decadência; não o nobre historiador dos *grognards*,[4] mas o pedante do bar. Nunca pude me fazer perdoar.

Ele admirava Ingres parcialmente e, é verdade, faltava-lhe uma grande força de crítica para admirar por razão o que devia rejeitar por temperamento. Inclusive copiou cuidadosamente fotografias feitas a partir de alguns desses minuciosos retratos a creiom, em que se faz melhor apreciar o duro e penetrante talento de Ingres, tanto mais ágil quanto mais embaraçado está.

A detestável pintura de Horace Vernet não o impedia de sentir a virtualidade pessoal que anima a maioria de seus quadros, e encontrava expressões surpreendentes para elogiar esse cintilamento e esse infatigável ardor. Sua admiração por Meissonier ia um pouco mais longe. Apropriara-se, quase por violência, dos desenhos que tinham servido para preparar a composição de *A barricada*, o melhor quadro de Meissonier, cujo talento, por sinal, exprime-se bem mais energicamente pelo simples creiom do que pelo pincel. Ele dizia amiúde desse pintor, como que refletindo com inquietação acerca do futuro: "Em fim de contas, de nós todos, é ele quem está mais seguro de sobreviver!" Não é curioso ver o autor de tão grandes obras quase invejar aquele que só excele nas pequenas?

O único homem cujo nome teve força para arrancar alguns palavrões dessa boca aristocrática foi Paul Delaroche. Nas obras desse pintor Delacroix não encontrava sem dúvida nenhuma desculpa, e conservava indelével a lembrança dos sofrimentos que lhe causara essa pintura

---

[4] Soldados da velha guarda sob Napoleão I [N. do T.].

suja e amarga, *"feita com tinta e graxa"*, como disse outrora Théophile Gautier.

Mas aquele que ele escolhia com maior prazer para se refugiar em imensas conversas era o homem que menos se assemelhava a ele pelo talento assim como pelas ideias, seu verdadeiro antípoda, um homem a quem ainda não se fez toda a justiça que lhe é devida, e cujo cérebro, ainda que obscurecido como o céu encarvoado de sua cidade natal, contém uma grande quantidade de coisas admiráveis. Trata-se de Paul Chenavard.

As teorias abstrusas do pintor filósofo de Lyon faziam Delacroix sorrir, e o pedagogo abstrator considerava as volúpias de pura pintura como coisas frívolas, senão culpadas. Todavia, por mais distantes que estivessem um do outro, e até mesmo por causa desse distanciamento, gostavam de se aproximar, e como dois navios atados pelo arpéus não podiam mais se separar. Todos os dois, por sinal, sendo muito letrados e dotados de um extraordinário espírito de sociabilidade, reencontrar-se-iam no terreno comum da erudição. Sabe-se que em geral esta não é a qualidade pela qual brilham os artistas.

Chenavard era para Delacroix, portanto, um raro recurso. Era realmente agradável ver os dois se agitarem numa luta inocente, a palavra de um avançando pesadamente como um elefante em grande aparelho de guerra, a palavra do outro vibrando como um florete, igualmente aguda e flexível. Nas últimas horas de sua vida, nosso grande pintor demonstrou o desejo de apertar a mão de seu amigável contraditor. Mas este se encontrava, então, longe de Paris.

VII

As mulheres sentimentais e preciosas ficarão talvez

chocadas ao saber que, semelhante a Michelangelo (lembremos do final de um de seus sonetos: "Escultura! Divina Escultura, és minha única amante!"), Delacroix fizera da Pintura sua única musa, sua única amante, sua única e suficiente volúpia.

Sem dúvida ele havia amado muito a mulher nas horas agitadas de sua juventude. Quem não se entregou em excesso a esse ídolo temível? E quem não sabe que são justamente aqueles que melhor a serviram que mais se queixam dela? Entretanto, já muito tempo antes de seu fim, excluíra a mulher de sua vida. Muçulmano, talvez não a tivesse expulso de sua mesquita, mas teria se surpreendido de aí vê-la entrar, não compreendendo bem que tipo de conversação ela podia ter com Alá.

Nessa questão, como em muitas outras, a ideia oriental ganhava nele preeminência viva e despótica. Considerava a mulher como um objeto de arte, delicioso e próprio para excitar o espírito, mas um objeto de arte desobediente e perturbador, se se lhe entrega o liminar do coração, e que devora glutonicamente o tempo e as forças.

Recordo-me que uma vez, num local público, como eu lhe mostrava o rosto de uma mulher de original beleza e de um caráter melancólico, ele bem quis apreciar sua beleza, mas me disse, com seu leve sorriso, para responder ao resto: "Como você quer que uma mulher possa ser melancólica?", insinuando com este comentário, sem dúvida, que, para conhecer o sentimento da melancolia, falta à mulher *certa coisa* essencial.

Essa é, infelizmente, uma teoria bem injuriosa, e eu não gostaria de preconizar opiniões difamatórias sobre um sexo que tão frequentemente mostrou ardentes virtudes. Todavia, admitir-se-á que se trata de uma teoria de prudência; que o talento não poderia se armar de prudência o suficiente num mundo repleto de ciladas, e que o homem de gênio possui o privilégio de certas doutrinas (desde que elas não perturbem a ordem) que nos escandalizariam justamente no puro cidadão ou no simples pai de família.

Devo acrescentar, ao risco de lançar uma sombra sobre sua memória, ao julgamento das almas elegíacas, que ele também não demonstrava ternas fraquezas pela infância. A infância só aparecia a seu espírito de mãos lambuzadas de geleias (o que suja a tela e o papel), ou batendo tambor (que perturba a meditação), ou incendiária e animalescamente perigosa como o macaco.

"Recordo-me muito bem", dizia, às vezes, "que, quando criança, *eu era um monstro*. O conhecimento do dever só se adquire muito lentamente, e é apenas pela dor, pelo castigo e pelo exercício progressivo da razão que o homem diminui devagar sua maldade natural."

Assim, pelo simples bom-senso, ele fazia um retorno à ideia católica, pois se pode dizer que a criança, em geral, está, com relação ao homem, na maioria das vezes, muito mais próxima do pecado original.

VIII

Ter-se-ia dito que Delacroix havia reservado toda a sua sensibilidade, que era viril e profunda, para o austero sentimento da amizade. Há pessoas que se apaixonam facilmente por qualquer um; outras reservam o uso da faculdade divina para as grandes ocasiões. O célebre homem de quem lhe falo com tanto prazer, se não gostava que lhe perturbassem por pequenas coisas, sabia se tornar obsequioso, corajoso, ardente, quando se tratava de coisas importantes. Aqueles que o conheceram bem puderam apreciar, em muitas oportunidades, sua fidelidade, sua exatidão e sua solidez bem inglesas nas relações sociais. Se era exigente com os outros, não era menos severo consigo mesmo.

É com tristeza e mau humor que quero dizer algumas palavras sobre certas acusações lançadas contra Eugène Delacroix. Ouvi pessoas tacharem-no de egoísta e até mesmo de avaro. Observe, senhor, que essa censura é sempre dirigida pela inumerável classe das almas banais àquelas que se aplicam a fundamentar sua generosidade assim como sua amizade.

Delacroix era muito econômico; era para ele o único meio de ser, eventualmente, muito generoso: eu poderia prová-lo por meio de alguns exemplos, mas recearia fazê-lo sem ter sido autorizado por ele, não mais do que por aqueles que tiveram de rejubilar-se com ele.

Observe também que durante muitos anos suas pinturas venderam muito mal, e que seus trabalhos de decoração absorviam quase a totalidade de seu salário, quando não colocava nisso de seu próprio bolso. Ele provou inúmeras vezes seu desprezo pelo dinheiro, quando artistas pobres deixavam perceber o desejo de possuir alguma de suas obras. Então, semelhantemente aos médicos de espírito liberal e generoso, que ora fazem pagar seus cuidados e ora os oferecem, ele dava seus quadros ou os cedia a qualquer preço.

Enfim, senhor, observemos bem que o homem superior é obrigado, mais do que qualquer outro, a zelar por sua defesa pessoal. Pode-se dizer que toda a sociedade está em guerra contra ele. Pudemos verificar o caso várias vezes. Sua polidez, denominam-na frieza; sua ironia, por mais mitigada que seja, maldade; sua economia, avareza. Mas se, ao contrário, o infeliz se mostra imprevidente, bem longe de se apiedar dele, a sociedade dirá: "Bem feito; sua penúria é a punição por sua prodigalidade".

Posso afirmar que Delacroix, em matéria de dinheiro e de economia, partilhava completamente a opinião de Stendhal, opinião que concilia a grandeza e a prudência.

"O homem de espírito", dizia esse último, "deve se aplicar a adquirir o que lhe é estritamente necessário para não depender de ninguém (no tempo de Stendhal eram 6.000 francos de renda); mas se, tendo obtido essa segurança, perde seu tempo a aumentar sua fortuna, é um miserável."

Busca do necessário e desprezo pelo supérfluo, é uma conduta de homem sábio e estoico.

Uma das grandes preocupações de nosso pintor, em seus últimos anos, era o julgamento da posteridade e a solidez incerta de suas obras. Ora sua imaginação tão sensível se inflamava com a ideia de uma glória imortal, ora ele falava amargamente da fragilidade das telas e das cores. Outras vezes citava com inveja os antigos mestres, que tiveram quase todos a felicidade de ser traduzidos por hábeis gravadores, cuja ponta ou buril soube se adaptar à natureza de seu talento, e lamentava ardentemente não ter encontrado seu tradutor. Essa friabilidade da obra pintada, comparada com a solidez da obra impressa, era um de seus temas habituais de conversação.

Quando esse homem tão frágil e obstinado, tão nervoso e intrépido, esse homem único na história da arte europeia, o artista doentio e friorento, que sonhava sem parar em cobrir paredes com suas grandes concepções, foi levado por uma dessas fluxões de tórax do qual ele tinha, segundo parece, o convulsivo pressentimento, todos sentimos algo de análogo a essa depressão de alma, a essa sensação de solidão crescente que a morte de Chateaubriand e a de Balzac já nos fizeram conhecer, sensação renovada recentemente pelo desaparecimento de Alfred de Vigny. Há num grande luto nacional um arrefecimento de vitalidade geral, um obscurecimento do intelecto que se assemelha a um eclipse solar, imitação momentânea do fim do mundo.

Creio, entretanto, que essa impressão afeta sobretudo esses altivos solitários que só podem vislumbrar uma família pelas relações intelectuais. Quanto aos outros cidadãos, em sua maioria, só aprendem pouco a pouco a conhecer tudo o que a pátria desperdiçou ao perder o grande homem, e que vazio ele deixa ao abandoná-la. Ainda é preciso adverti-los.

Agradeço-lhe de todo meu coração, senhor, por me ter deixado dizer livremente tudo o que me sugeria a lembrança de um dos raros gênios de nosso infeliz século — tão pobre e tão rico ao mesmo tempo, ora muito exigente, ora muito indulgente, e com muita frequência injusto.

ÍNDICE GERAL

Adão, 75
Alá, 110
Alemanha, 70
América, 23, 75
Angeli, 20
Antonieta, Maria, 36n
Apolo, 80, 95-97
Ariosto, Ludovico, 84
Aristófanes, 41
Aristóteles, 17, 18
Arlequim, 48-51

Babel, 75
Balzac, Honoré de, 113
Baskerville, William de, 17
Bassan (Jacopo da Ponte), 63
Baudelaire, Charles, 9-27, 73n
Bergson, Henri, 17, 17n
Boileau, Charles, 94
Bonaparte, Napoleão, 75, 97, 108n
Bonington, 101
Bordeaux, 63
Bóreas, 96
Bossuet, 33
Bourdaloue, 33
Brueghel, Pieter, 20, 21, 55, 65-67
Buda, 53n
Burckhardt, Jacob, 13
Bürger, Gottfried August, 19
Byron, Lord, 10, 84

Café Greco, 63
Callot, Jacques, 46, 63
Camporesi, Piero, 25n
Cassandra, 48-50
Castilho, Guilherme, 17n
Cervantes, Miguel de, 21, 60
Charlet, Nicolas Toussaint, 94, 107, 108
Chateaubriand, François-René de, 113
Chenavard, Paul, 22, 69, 72-76, 109
Chennevières, Philippe de, 35n
Chiapperi, Cornélio, 52
Chopin, Frédéric, 103
Coleridge, Samuel Taylor, 11, 17
Colombina, 49, 51
Cornélius, 70
Cruikshank, Georges, 55, 57, 58

da Vinci, Leonardo, 22, 62, 63, 83, 85
Dante, 15n, 84
David, Jacques-Louis, 25, 81, 84, 104
De la Palisse, (Jacques II de Chabannes), 99
de Maistre, Joseph, 33
Debureau, 47, 48
Decamps, Alexandre-Gabriel, 107

ÍNDICE GERAL

Delacroix, Eugène, 12, 24, 25, 27, 79–86, 90–113
Delaroche, Paul, 88, 108
Diana, 96
Diderot, Denis, 11
Doré, Gustave, 19n
Dupont, Pierre, 73
Dürer, Albrecht, 71, 72

Eco, Umberto, 17, 18
Emerson, 95
Espanha, 59, 62
Evangelho, 90
Exposição Universal, 71, 76, 84

Fava, Giglio, 52, 53
Ferrari, Giuseppe, 100
Fídias, 100
Flandres, 81
Fragonard, 25
França, 9, 16n, 22, 36n, 46, 72, 81
Fualdès, 56

Gautier, Théophile, 16, 19, 27, 59, 109
Gavarni, Paul, 36
Germânia, 19, 46
Girodet, Anne-Louis, 84
Godói, 59
Goya, Francisco José de, 20, 21, 24, 55, 59–62
Grandville, (Jean-Ignace-Isidore Gérard), 55, 66
Grécia, 11
Guérin, Jean-Urbain, 84

Hansen, João Adolfo, 21
Hércules, 41, 96

Hoffmann, Théodore, 45, 47, 51–53, 63
Hogarth, William, 20, 55, 56, 72
Holbein, Hans, 71
Homero, 84
Hugo, Victor, 91
Huysmans, J.-K., 22, 23

Índia, 35
Inglaterra, 57
Ingres, Jean Auguste Dominique, 108
Íris, 97
Itália, 47, 62, 81

Jacquemont, Victor, 98
Janmot, Anne-François-Louis, 73, 75, 76
Jardin-des-Plantes, 48
Jesus Cristo, 38, 41, 75, 98
Jordaens, Jacob, 104
Judeia, 33

Kaulbach, Wilhelm von, 70

La Fontaine, Jean de, 73, 94
Laprade, Victor de, 73
Le Brun, Charles, 81
Leandro, 48–50
Ledru-Rollin, Alexandre Auguste, 74
Leopardi, Giacomo, 11, 12, 17
Lesueur, Charles Alexandre, 76
Liszt, Franz, 103
Londres, 19
Louvre, 80, 104, 105
Luxemburgo, 80
Lyon, 73, 75, 109

Macaire, Robert, 32

ÍNDICE GERAL

Malherbe, 94
Mallarmé, Stéphane, 10, 16, 22
Mancha, canal da, 47
Maquiavel, Nicolau, 106
Marselha, 63
Maturin, Charles Robert, 19, 38
Meissonier, Jean-Louis-Ernest, 108
Meleagro, 15n
Melmoth, 19, 39, 40, 42
Mercúrio, 96
Mérimée, Prosper, 98
México, 101
Michelangelo, 83, 110
Michelet, 72
Minerva, 96
Molière, 46
Moloch, 102n
Montaigne, Michel de, 9, 13
Montesquieu, 95
Montezuma, 101

Napoleão, *ver* Bonaparte
Newton, Isaac, 13
Ninfas, 96
Noireau, abade, 73
Nulli, Sirio Attilio, 12n

Olimpo, 90
Ossian, 84
Overbeck, Johann Friedrich, 70
Ovídio, 15n, 23

Pã, 41
Palais-Royal, 36
Parc-aux-Cerfs, 36
Paris, 24, 26, 35, 37, 71, 109
Péricles, 75
Pessoa, Fernando, 15

Pierrô, 47–50
Pinelli, Bartolomeo, 55, 62–65
Platão, 41
Plauto, 41
Poe, Edgar Allan, 10, 16, 17
Pound, Erza, 13n, 16
Poussin, 94
Prud'hon, 94

Quintiliano, 18

Rabelais, François, 19, 32, 46
Racine, 84, 94
Rafael, 81, 83, 100, 104
Rembrandt, 21
Renascimento, 13
Reno, 71
Réthel, Alfred, 71, 75
Reynold, 83
Ricourt, 94
Rimbaud, 27n
Robert, Léopold, 65
Roma, 11
Rômulo, 41
Rousseau, Jean-Jacques, 97, 98, 105
Rubens, Peter Paul, 81, 104

São Dionísio, 49
São Sulpício, 90
Saint-Victor, Paul de, 95
Sêneca, 41, 95
Seymour, 57
Shakespeare, William, 84
Shelley, 10
Silvestre, Théophile, 80
Soulary, Josephin (Joseph Marie), 73
Stendhal, 98, 99, 113

Tannhäuser, 26
Théâtre des Variétés, 47

Vasari, 22
Veneza, 63, 73
Vênus, 41
Verlaine, Paul, 22
Vernet, Horace, 88, 108
Veronese, Paolo, 81
Vigny, Alfred de, 114
Villot, 106

Virgílio, 84
Virginie, 35, 37, 40
Vitória, 97
Voltaire, 18, 46, 60, 97, 98
Vulcano, 96

Wagner, Richard, 24-26
Walcott, Derek, 9n
Watteau, 24, 25

Zéfiros, 96

COLEÇÃO DE BOLSO HEDRA

1. *Iracema*, Alencar
2. *Don Juan*, Molière
3. *Contos indianos*, Mallarmé
4. *Auto da barca do Inferno*, Gil Vicente
5. *Poemas completos de Alberto Caeiro*, Pessoa
6. *Triunfos*, Petrarca
7. *A cidade e as serras*, Eça
8. *O retrato de Dorian Gray*, Wilde
9. *A história trágica do Doutor Fausto*, Marlowe
10. *Os sofrimentos do jovem Werther*, Goethe
11. *Dos novos sistemas na arte*, Maliévitch
12. *Mensagem*, Pessoa
13. *Metamorfoses*, Ovídio
14. *Micromegas e outros contos*, Voltaire
15. *O sobrinho de Rameau*, Diderot
16. *Carta sobre a tolerância*, Locke
17. *Discursos ímpios*, Sade
18. *O príncipe*, Maquiavel
19. *Dao De Jing*, Laozi
20. *O fim do ciúme e outros contos*, Proust
21. *Pequenos poemas em prosa*, Baudelaire
22. *Fé e saber*, Hegel
23. *Joana d'Arc*, Michelet
24. *Livro dos mandamentos: 248 preceitos positivos*, Maimônides
25. *O indivíduo, a sociedade e o Estado, e outros ensaios*, Emma Goldman
26. *Eu acuso!*, Zola — *O processo do capitão Dreyfus*, Rui Barbosa
27. *Apologia de Galileu*, Campanella
28. *Sobre verdade e mentira*, Nietzsche
29. *O princípio anarquista e outros ensaios*, Kropotkin
30. *Os sovietes traídos pelos bolcheviques*, Rocker
31. *Poemas*, Byron
32. *Sonetos*, Shakespeare
33. *A vida é sonho*, Calderón
34. *Escritos revolucionários*, Malatesta
35. *Sagas*, Strindberg
36. *O mundo ou tratado da luz*, Descartes
37. *O Ateneu*, Raul Pompeia
38. *Fábula de Polifemo e Galateia e outros poemas*, Góngora
39. *A vênus das peles*, Sacher-Masoch
40. *Escritos sobre arte*, Baudelaire
41. *Cântico dos cânticos*, [Salomão]
42. *Americanismo e fordismo*, Gramsci
43. *O princípio do Estado e outros ensaios*, Bakunin
44. *O gato preto e outros contos*, Poe
45. *História da província Santa Cruz*, Gandavo
46. *Balada dos enforcados e outros poemas*, Villon
47. *Sátiras, fábulas, aforismos e profecias*, Da Vinci
48. *O cego e outros contos*, D.H. Lawrence

49. *Rashômon e outros contos*, Akutagawa
50. *História da anarquia (vol. 1)*, Max Nettlau
51. *Imitação de Cristo*, Tomás de Kempis
52. *O casamento do Céu e do Inferno*, Blake
53. *Cartas a favor da escravidão*, Alencar
54. *Utopia Brasil*, Darcy Ribeiro
55. *Flossie, a Vênus de quinze anos*, [Swinburne]
56. *Teleny, ou o reverso da medalha*, [Wilde et al.]
57. *A filosofia na era trágica dos gregos*, Nietzsche
58. *No coração das trevas*, Conrad
59. *Viagem sentimental*, Sterne
60. *Arcana Cœlestia e Apocalipsis revelata*, Swedenborg
61. *Saga dos Volsungos*, Anônimo do séc. XIII
62. *Um anarquista e outros contos*, Conrad
63. *A monadologia e outros textos*, Leibniz
64. *Cultura estética e liberdade*, Schiller
65. *A pele do lobo e outras peças*, Artur Azevedo
66. *Poesia basca: das origens à Guerra Civil*
67. *Poesia catalã: das origens à Guerra Civil*
68. *Poesia espanhola: das origens à Guerra Civil*
69. *Poesia galega: das origens à Guerra Civil*
70. *O chamado de Cthulhu e outros contos*, H.P. Lovecraft
71. *O pequeno Zacarias, chamado Cinábrio*, E.T.A. Hoffmann
72. *Tratados da terra e gente do Brasil*, Fernão Cardim
73. *Entre camponeses*, Malatesta
74. *O Rabi de Bacherach*, Heine
75. *Bom Crioulo*, Adolfo Caminha
76. *Um gato indiscreto e outros contos*, Saki
77. *Viagem em volta do meu quarto*, Xavier de Maistre
78. *Hawthorne e seus musgos*, Melville
79. *A metamorfose*, Kafka
80. *Ode ao Vento Oeste e outros poemas*, Shelley
81. *Oração aos moços*, Rui Barbosa
82. *Feitiço de amor e outros contos*, Ludwig Tieck
83. *O corno de si próprio e outros contos*, Sade
84. *Investigação sobre o entendimento humano*, Hume
85. *Sobre os sonhos e outros diálogos*, Borges — Osvaldo Ferrari
86. *Sobre a filosofia e outros diálogos*, Borges — Osvaldo Ferrari
87. *Sobre a amizade e outros diálogos*, Borges — Osvaldo Ferrari
88. *A voz dos botequins e outros poemas*, Verlaine
89. *Gente de Hemsö*, Strindberg
90. *Senhorita Júlia e outras peças*, Strindberg
91. *Correspondência*, Goethe — Schiller
92. *Índice das coisas mais notáveis*, Vieira
93. *Tratado descritivo do Brasil em 1587*, Gabriel Soares de Sousa
94. *Poemas da cabana montanhesa*, Saigyô
95. *Autobiografia de uma pulga*, [Stanislas de Rhodes]
96. *A volta do parafuso*, Henry James
97. *Ode sobre a melancolia e outros poemas*, Keats
98. *Teatro de êxtase*, Pessoa
99. *Carmilla — A vampira de Karnstein*, Sheridan Le Fanu

100. *Pensamento político de Maquiavel*, Fichte
101. *Inferno*, Strindberg
102. *Contos clássicos de vampiro*, Byron, Stoker e outros
103. *O primeiro Hamlet*, Shakespeare
104. *Noites egípcias e outros contos*, Púchkin
105. *A carteira de meu tio*, Macedo
106. *O desertor*, Silva Alvarenga
107. *Jerusalém*, Blake
108. *As bacantes*, Eurípides
109. *Emília Galotti*, Lessing
110. *Contos húngaros*, Kosztolányi, Karinthy, Csáth e Krúdy
111. *A sombra de Innsmouth*, H.P. Lovecraft
112. *Viagem aos Estados Unidos*, Tocqueville
113. *Émile e Sophie ou os solitários*, Rousseau
114. *Manifesto comunista*, Marx e Engels
115. *A fábrica de robôs*, Karel Tchápek
116. *Sobre a filosofia e seu método — Parerga e paralipomena (v. II, t. I)*, Schopenhauer
117. *O novo Epicuro: as delícias do sexo*, Edward Sellon
118. *Revolução e liberdade: cartas de 1845 a 1875*, Bakunin
119. *Sobre a liberdade*, Mill
120. *A velha Izerguil e outros contos*, Górki
121. *Pequeno-burgueses*, Górki
122. *Um sussurro nas trevas*, H.P. Lovecraft
123. *Primeiro livro dos Amores*, Ovídio
124. *Educação e sociologia*, Durkheim
125. *Elixir do pajé — poemas de humor, sátira e escatologia*, Bernardo Guimarães
126. *A nostálgica e outros contos*, Papadiamántis
127. *Lisístrata*, Aristófanes
128. *A cruzada das crianças/ Vidas imaginárias*, Marcel Schwob
129. *O livro de Monelle*, Marcel Schwob
130. *A última folha e outros contos*, O. Henry
131. *Romanceiro cigano*, Lorca
132. *Sobre o riso e a loucura*, [Hipócrates]
133. *Hino a Afrodite e outros poemas*, Safo de Lesbos
134. *Anarquia pela educação*, Élisée Reclus
135. *Ernestine ou o nascimento do amor*, Stendhal
136. *A cor que caiu do espaço*, H.P. Lovecraft
137. *Odisseia*, Homero

Edição _	André Fernandes
Co-edição _	Bruno Costa e Jorge Sallum
Capa e projeto gráfico _	Júlio Dui e Renan Costa Lima
Imagem de capa _	Eugène Delacroix, *O mar de Dieppe*, 1852
Programação em LaTeX _	Marcelo Freitas
Consultoria em LaTeX _	Roberto Maluhy Jr.
Revisão _	Hedra, Daniela Marini
Assistente editorial _	Bruno Oliveira e Janaína Navarro
Colofão _	Adverte-se aos curiosos que se imprimiu esta obra em nossas oficinas em 30 de agosto de 2011, em papel off-set 90 g/m², composta em tipologia Minion Pro, em GNU/Linux (Gentoo, Sabayon e Ubuntu), com os softwares livres LaTeX, DeTeX, vim, Evince, Pdftk, Aspell, svn e TRAC.